Fabiano Ferreira

APRENDENDO COM OS MESTRES

COMO TORNAR SUA VIDA MELHOR COM 9 LIÇÕES DOS MAIORES ESPECIALISTAS EM MOTIVAÇÃO

PRUMO desenvolvimento

Direção Editorial
Jiro Takahashi

Editora
Luciana Paixão

Editor assistente
Bruno Tenan

Revisão
Rinaldo Milesi
Marcia Benjamim

Projeto gráfico e diagramação
Moré

Arte
Marcos Gubiotti

CIP-Brasil. Catalogação na fonte
Sindicato Nacional dos Editores de Livros, RJ

F441a Ferreira, Fabiano, 1977-
Aprendendo com os mestres: como tornar sua vida melhor com 9 lições dos maiores especialistas em autoajuda / Fabiano Ferreira. - São Paulo: Prumo, 2012.
144p. : 19 cm

ISBN 978-85-7927-181-6

1. Motivação (Psicologia). 2. Motivação no trabalho. 3. Sucesso. I. Título.

12-1103. CDD: 153.8
CDU: 159.947.3

Direitos de edição para o Brasil: Editora Prumo Ltda.
Rua Júlio Diniz, 56 – 5º andar – São Paulo - SP – CEP: 04547-090
Tel.: (11) 3729-0244 – Fax: (11) 3045-4100
E-mail: contato@editoraprumo.com.br
Site: www.editoraprumo.com.br

À minha mãe,
a pessoa mais importante da minha vida,
por me amar verdadeiramente e
me proteger espiritualmente.

A todos que já leram minhas reportagens
e artigos e aos que já assistiram às minhas palestras
e me ajudam a compartilhar boas ideias.

Sumário

Prefácio

Fabiano Ferreira é um brilhante jornalista que consegue, através das palavras, percorrer trajetórias, explorar o conhecimento, abrilhantar as informações e os textos que estão em seu mais novo empreendimento. Agora, ele se aventura no universo dos livros, usa as palavras para descortinar os caminhos sinuosos das angústias, os cales tortuosos do medo e os penhascos escarpados dos conflitos da existência.

Sua preocupação está em contribuir com o ser humano para seu crescimento pessoal, profissional, emocional e espiritual. Sua criatividade, generosidade e afetividade estão estampadas em cada página dos seus textos.

Como um poeta do jornalismo, o autor procura dissecar novos mundos. Fabiano Ferreira demonstra bastante ousadia neste novo trabalho e, com certeza, encantará cada leitor, que poderá desfrutar de algumas ideias de grandes pensadores e estudiosos por meio de um único livro.

Sinceramente, espero que esta nova empreitada possa ser coroada de sucesso. Os leitores serão privilegiados ao lê-lo.

Augusto Cury

PSIQUIATRA E ESCRITOR BEST-SELLER

Recado do autor

Confesso que já tive certo receio em relação a livros considerados como de autoajuda. Talvez não por opinião própria, mas influenciado por críticos que os julgam literatura menor, feita para "caçar-níqueis". Mas mudei de opinião. Ainda bem.

Depois de quase uma década escrevendo diariamente matérias de comportamento, saúde e educação, e tendo entrevistado centenas de profissionais dessas áreas, pude perceber, ao longo do tempo, a importância de repassar ensinamentos às pessoas, de forma simples, direta e positiva. Posso afirmar seguramente que, em minhas palestras e workshops, mais aprendi do que ensinei, pois ouvi relatos que são verdadeiras lições de vida!

Lembro-me perfeitamente até hoje do primeiro livro de autoajuda que me caiu em mãos. Aos 13 anos, emprestei de uma biblioteca pública o livro *Cure sua vida*, de Louis Hay, que mais tarde se tornaria best-seller. Por vários dias, na fila do banco, a trabalho, li vorazmente os conselhos da autora, que me foram muito úteis para perceber as responsabilidades sobre minha própria vida e quais mudanças eu poderia promover para melhorá-la.

Dez anos depois, já formado em jornalismo, eis que sou convidado para trabalhar na editoria de comportamento de um jornal de circulação regional no interior de São Paulo. Foi quando a leitura de autoajuda passou a ser uma espécie de "obrigação". Mas nada maçante. Pelo contrário: uma tarefa prazerosa, cheia de descobertas, aprendizados e boas surpresas. Principalmente pelo fato de não só ler as obras dos escritores de autoajuda, mas também entrevistá-los, questioná-los e ir além; muitas vezes esclarecendo minhas próprias dúvidas.

Transformei-me num "defensor" da autoajuda, tamanha a satisfação com o retorno dos leitores falando sobre a importância do meu trabalho em suas vidas. Muitos contavam ter procurado ajuda profissional, propriamente dita, depois de ler sobre seus problemas nas páginas do jornal. E quantas vezes nossas fontes nos informavam receber novos clientes com recortes de jornal em mãos para relatar melhor suas aflições.

Há, sim, neste mercado, muito material duvidoso, assim como em publicações de todas as áreas. Mas vejamos o lado positivo. Ler, refletir, aprender e colocar o que é bom em prática sempre nos faz bem. Conhecimento nunca é demais. E aquele que procuramos por iniciativa própria, nas páginas de um jornal, de uma revista ou de um livro, é um dos bens mais preciosos que podemos ter. Nenhum escritor de autoajuda faz nada por ninguém. Cabe a cada um colocar em prática aquilo que faz sentido para sua vida.

Que todos aprendamos com os mestres!

Introdução

A obra que você começa a ler agora é como um livro-reportagem. Ela é resultado de muita leitura, pesquisa, discussão de ideias e fragmentos de entrevistas feitas entre 2001 e 2008, com profissionais reconhecidos de diversas áreas. É também fruto das experiências que tive como palestrante e trabalhador voluntário em diferentes instituições. As fontes são médicos, psicólogos, educadores, pensadores e pessoas cujas histórias de vida oferecem exemplos inspiradores. Todos escreveram livros de autoajuda e desenvolvimento humano, com dicas valiosas sobre crescimento pessoal e profissional.

"Aprendendo com os mestres" reúne ensinamentos de dez especialistas nacionais e estrangeiros, autores de best-sellers que já figuraram nas listas dos mais vendidos no Brasil e no exterior.

Em minhas entrevistas e experiências, coletei conselhos importantes sobre temas como motivação, liderança, sonhos, espiritualidade, ética, disciplina, relacionamentos, autoestima e fé. A partir desses temas desenvolvi em cada capítulo "lições" essenciais para quem deseja retomar as rédeas da própria vida e evoluir a cada dia, vivendo melhor e mais feliz.

O que segue é uma leitura leve e instrutiva, com ideias democráticas, todas numa perspectiva positiva e de crescimento.

Nas próximas páginas você terá a oportunidade de aprender com os mestres Augusto Cury, James Hunter, Cesar Romão, Nuno Cobra, Abílio Diniz, John Gray, Eugênio Mussak, Ailton Amélio e Neale Donald Walash.

Uma ótima leitura!

Prepare-se

Tudo começa por um ponto

O homem foi à lua, globalizou a economia e a cultura, aperfeiçoa cada vez mais a tecnologia e move nações com um simples clique no computador. Mas, o que muitos esquecem, é que toda essa grandiosidade começa por um ponto. Nada existiria sem uma iniciativa, um impulso vital que nasce em cada um de nós.

Alguns chamam de fé, outros dizem que é coragem, enquanto há quem diga que se trata de um componente da personalidade. O fato é que quando nos damos conta de que existe em nós uma grande força, capaz de mudar a realidade, descobrimos que podemos ir muito além do que o senso comum estabelece.

Quando você toma uma iniciativa, o mundo a sua volta se transforma. Ao decidir começar um projeto, mudar um hábito, abandonar uma crença limitadora ou mesmo voltar atrás numa opinião e se tornar mais flexível, você, talvez mesmo sem ter consciência, dá um grande passo que pode fazer diferença em sua trajetória.

Quando estamos cansados, tristes ou decepcionados com algum acontecimento ou pessoa, comumente nos esquecemos desse "ponto" que há dentro de nós e que pode ser acessado para tomarmos iniciativas importantes. Tudo começa por esse ponto, por essa energia que muitas pessoas, infelizmente, passam uma vida inteira sem acessar.

Volte atrás agora e relembre os acontecimentos que mais marcaram sua vida. Conquistas pessoais, realização de sonhos, materiais ou não; se você analisar, tudo começou por um ponto. Não há nada que não tenha início sem o desejo de mudança, de crescimento e transformação.

Que o conteúdo deste livro seja o ponto de partida para novas reflexões sobre seu papel neste mundo. Comece agora mesmo a fazer todas as mudanças que deseja para sua vida. Se fizer sua parte de forma correta, honesta e alinhada com princípios universais de amor e fé, com certeza alcançará tudo o que sempre quis.

PRIMEIRA LIÇÃO

Sonhe mais

"Sonhos são como bússolas que indicam caminhos, impulsionam e nos fortalecem."

Augusto Cury

Ao começar esta lição, gostaria que refletisse por um minuto o que o motivou a comprar este livro. Provavelmente, você já tenha lido outras obras desse gênero, além de ter buscado nas páginas de revistas e jornais informações que considera relevantes para o seu crescimento. Mas e neste exato momento, qual o seu verdadeiro objetivo? Está confuso ou passando por algum problema? Acha que chegou sua hora e quer dar uma "guinada" na vida?

Desta vez está a fim de ler e colocar o que aprender na prática ou esta será somente mais uma intenção de melhorar, assim como já ocorreu outras vezes? Você realmente quer o que deseja? Para lhe ajudar nessas respostas, vou começar a falar sobre os sonhos, que são o que moveram 100% das pessoas que hoje são os meus, os seus, os nossos líderes inspiradores.

Muito tem se falado sobre a importância dos sonhos. Não exatamente os sonhos que temos quando estamos dormindo, aqueles em que nosso inconsciente dá vazão aos mais diferentes anseios, mas sim os sonhos que são verdadeiros projetos de vida e felicidade.

Sonhar faz parte de nossa existência desde que nascemos. Para algumas pessoas, sonhar é mergulhar em fantasias e devaneios e vivenciar o impossível, o improvável. Para outras, sonhar é visualizar os objetivos e acreditar que pensamentos, desejos e vontades podem ser transformados em realidade. Mas num ponto todos concordam: sonhar não custa nada. E o melhor de tudo é que os sonhos podem sair do plano imaginário para a prática e se tornarem roteiros para encontrar a felicidade.

Um dos mestres brasileiros da autoajuda que reforça a importância de sonhar para alavancar a realidade é o psiquiatra, cientista e escritor Augusto Cury. Entre suas dezenas de livros, destaca-se o best-seller *Nunca desista dos seus sonhos* (Sextante, 2003). Nele, Cury afirma que não restam dúvidas de que a trajetória de grandes vencedores que se tornaram referência para a humanidade foi sempre marcada pela persistência nos sonhos e ideais.

Os sonhos são ótimas ferramentas para realizar nossos projetos de vida. Eles são como bússolas que indicam caminhos, impulsionam e nos fortalecem. Quem não alimenta os sonhos e luta para transformá-los em realidade corre o risco de desprezar suas potencialidades ou até descartá-las. Desistir dos sonhos é desistir da felicidade. Você já parou para pensar sobre isso?

Se quiser, você pode

Se você acha que seus sonhos são irreais ou inatingíveis, não tenha medo: troque-os. Porém, desistir jamais. Sempre haverá uma maneira de mudar a própria realidade. Muitas vezes temos de alterar o percurso, contanto que o objetivo final seja crescer, evoluir.

Para Augusto Cury, os sonhos são tão importantes para a vida que até mesmo Deus sonha. "A arquitetura do Universo com bilhões de galáxias e seus infinitos fenômenos parecem gritar que não apenas existe um Deus por detrás da cortina da existência, mas que esse Deus tem um grande sonho. O sonho de ver a humanidade fraterna, solidária, tolerante e vivendo sobre o alicerce do amor mútuo", diz o psiquiatra.

Mas todos sabemos que correr atrás dos sonhos nem sempre é tarefa fácil. Medos e incertezas costumam estar no caminho, mas para quem quer vencer sempre surgem sinais de que vale a pena continuar. Pensadores históricos como Sócrates, Platão, Aristóteles, Agostinho, Spinoza, Kant, Descartes, Hegel e Einstein, entre outros, também vivenciaram medos, passaram por momentos difíceis, inseguros e até pessimistas, mas foram impulsionados por seus sonhos e tiveram excelentes ideias, que até hoje são usadas como ponto de partida para a ação.

Você já reparou que na luta diária somente os sonhos aliviam as dores e nos trazem esperanças? Além disso, eles renovam as forças e dão energia para continuar sempre em frente.

Dê vazão à criatividade

São muitas as funções dos sonhos. Eles aumentam nosso prazer de viver, nos trazem expectativas de uma vida melhor e abastecem nosso pensamento com ideias criativas.

Infelizmente, muitas pessoas estão deixando de lado o exercício de sonhar. As decepções e a descrença no ser humano têm levado muitos a viver no "piloto automático", sem deixar aflorar toda sua potencialidade. "Temos de conhecer o teatro da nossa mente para sermos os atores principais e não somente espectadores", afirma Cury.

Corra na frente

Não existem receitas infalíveis, regras mirabolantes ou um passo a passo para chegar aonde você quer. No entanto, Cury dá dicas do que considera lições importantes para colocar os sonhos em prática:

- Nossos alicerces não devem ser os aplausos que recebemos, mas sim as dificuldades que enfrentamos, os fracassos pelos quais passamos e as lágrimas que tivemos de derramar.
- Se regarmos a coragem com a humildade, a criatividade com a disciplina e a independência com a sociabilidade, teremos como resultado o caráter de um empreendedor capaz de transformar seus sonhos em realidade.

- Nossos sonhos não determinam o lugar aonde vamos chegar. Na verdade, eles produzem a força que precisamos para sair do lugar em que estamos.
- Tenha em mente que nem todos os sonhos são realizados da maneira como queremos. Mas saiba também que sonhá-los é o que transforma nossa história. Sonhe mais e perceberá que pelo menos parte deles se tornará pura realidade.

Sonhe e simplifique

"Sem sonhos as pedras do caminho se tornam montanhas, os pequenos problemas ficam insuperáveis, as perdas, insuportáveis, as decepções se transformam em golpes fatais e os desafios se transformam em fonte de medo", diz o mestre Cury.

Para Voltaire (pseudônimo do pensador francês François-Marie Arouet, 1694-1778), os sonhos e a esperança nos foram dados como compensação às dificuldades da vida. Desistir é uma palavra que deveria sair do dicionário de quem sonha e deseja conquistar, embora saibamos que nem todas as metas serão atingidas em sua plenitude. Mas só por tentar, o Universo já conspira em nosso favor.

"Sem sonhos os ricos empobrecem, os famosos se entediam, os intelectuais se tornam estéreis, os livres viram escravos e os grandes ficam tímidos. Sem sonhos a força se dissipa, a criatividade se esgota, o sorriso vira um disfarce e a emoção envelhece", analisa Cury.

Abra-se aos estímulos

Há quem sonhe mais, alimente mais esperanças de crescimento e transformações. Mas há também quem afirme ser mais realista, ter os "pés no chão", sem delírio e sem divagações que podem levar ao nada (ou até ao sofrimento). Não existe uma medida. Mas você deve estar perguntando: do que depende nossa propensão para ser um "sonhador"?

Para Cury, os sonhos estimulam o "eu", que representa a vontade consciente ou capacidade de decidir, a sair da condição de vítima dos problemas e dificuldades para exercer o papel de líder com inteligência. "Sonhar com um grande romance; em ter filhos; conquistar amigos; fazer obras de arte; ser um profissional brilhante; um empresário; superar uma crise emocional; vencer um fracasso; ajudar a humanidade; ser um amante da felicidade e ser um amigo da sabedoria são necessidades fundamentais que promovem os amplos aspectos da qualidade de vida. Sonhar não é delirar e viver fora da realidade, mas sim promover a vida", afirma.

Há pessoas que sonham pouquíssimo. Entre elas estão jovens que se importam só com prazeres imediatos, tornam-se consumistas alienados e não valorizam o amanhã; além de pessoas pragmáticas, aquelas que vivem em função da lógica e por isso só acreditam naquilo que veem e tocam. Gente assim tem medo de enfrentar o novo, de correr riscos e sofrer derrotas. E existem ainda os que sonham pouco porque sofreram perdas e frustrações ao longo de sua existência e por isso transformaram o território da emoção num "solo árido", impróprio para sonhar. Estes se tornam pessimistas, mal-humorados e ficam fechados em seu casulo. É importante lembrar:

quando uma pessoa supera seus transtornos psíquicos, ela se torna mais bela interiormente, mais sábia e mais sonhadora. O que você acha de começar a mudança agora?

Priorize e mantenha-se no foco

Há sonhos que parecem ser mais fáceis de alcançar. Comprar um carro, uma casa própria ou fazer uma viagem estão entre os sonhos mais comuns e que encontrarm apoio em quem nos cerca. No entanto, sonhos mais audaciosos, aqueles que carregamos desde a infância, muitas vezes são desacreditados, primeiro por nós mesmos e depois por aqueles que não creem nem em si, quanto mais nos outros.

Mas e os sonhos coletivos, utópicos, aqueles que não dependem somente do nosso esforço? Devemos também alimentar esses sonhos ou é preciso ter discernimento para não desperdiçar tempo e energia? Cury responde: "É importante dar prioridade e planejar os sonhos que promovem tanto nosso bem-estar quanto o bem da sociedade. Entretanto, temos de saber que nem todos os sonhos são realizáveis exatamente como queremos. Sempre há variáveis. O processo de sonhar é mais importante do que o resultado. A trajetória a ser percorrida é mais relevante do que o pódio. O sucesso é uma consequência. Devemos sonhar com as estrelas para poder pisar pelo menos na lua. Devemos sonhar com a lua para poder pisar nas montanhas. Temos de sonhar com as montanhas para viver com dignidade nos vales das dificuldades", diz o psiquiatra.

Para ele, ao partir em busca do que sonhamos precisamos analisar os perigos e riscos à nossa frente e ponderar as atitudes. "Quem deseja realizar seus sonhos e projetos de vida não pode esperar uma estrada sem acidentes, um céu sem tempestades, uma história sem decepções. As dificuldades fazem parte, com certeza", diz.

Não existem pessoas de sucesso ou pessoas fracassadas, mas pessoas que lutam por seus sonhos ou que desistem deles. E nunca é tarde para começar. Responda verdadeiramente: qual seu maior sonho? O que você está esperando para fazer o possível e o impossível para alcançá-lo?

Faça sua luz brilhar

Quem sonha tem um brilho diferente no olhar. Preste atenção nas pessoas que afirmam ter um sonho. Basta você perguntar a elas quais são seus sonhos para que abram um sorriso e imediatamente apresentem um brilho diferente no olhar. Isso porque os sonhos têm essa capacidade de nos transformar e fazer com que tenhamos mais energia para as coisas práticas do dia a dia.

Quando comecei a falar de sonhos em minhas palestras obtive reações muito diferentes das pessoas. Um dos rápidos exercícios que proponho é que cada participante feche os olhos e relembre dos sonhos que tinham na infância. A intenção é que as pessoas soltem a imaginação, voltem ao passado e sintam a magia daquilo que pensavam que um dia pudesse se tornar realidade. Você pode agora mesmo fazer este exercício! É muito fácil e gratificante.

Peço também que construam um caminho para a realização desses sonhos. Não importam quais sejam: uma profissão, um sonho de consumo, um sonho coletivo, algo ligado à família... Vale tudo!

Há quem diga que já "passou do tempo" ou que seu sonho é impossível de ser realizado a esta "altura do campeonato". Moral da história: sempre haverá uma maneira de realizar esses sonhos. O segredo é saber adaptá-los às condições e ao tempo presente.

Há alguns anos, poucos dias antes de realizar um workshop de motivação, fui cortar os cabelos e, enquanto aguardava pelo atendimento, um senhor que também estava no local com o mesmo objetivo me reconheceu, pois havia visto a divulgação do meu evento pela internet. Começamos a conversar e ele me contou uma história muito interessante a respeito de sonhos.

Ele tinha acabado de se aposentar, depois de mais de 30 anos trabalhando em várias funções num grande banco. Em vez de só ficar em casa ou pensar em viagens, ele me contou que logo após sua despedida da empresa foi em busca da realização de seus sonhos. Quando jovem, ele era fascinado pela profissão de professor. Seu sonho era lecionar num colégio ou numa universidade. No entanto, acabou prestando um concurso e entrou para a carreira bancária. Casou-se, vieram os filhos e com eles a grande preocupação de manter a família e fornecer uma formação digna a eles.

Suas funções no banco eram bastante burocráticas. Tudo se resumia a números, metas e projetos. Dar aulas, então, nem pensar! E assim se passaram três décadas. Mas agora, segundo ele, estava vivendo a melhor fase de sua vida.

O aposentado procurou uma instituição com a intenção de colaborar e ensinar algo do que aprendera nesses longos anos de profissão. Mas chegou "de mansinho", conforme ele mesmo definiu. Pediu primeiro para fazer parte da faxina porque queria observar de longe como tudo funcionava para, só depois, formatar o projeto dos seus sonhos. Aos poucos, foi conquistando a confiança de todos e, ao mesmo tempo, alimentando cada vez mais seu sonho de ensinar.

Foi então que propôs cursos livres para os assistidos pela instituição para que tanto ele quanto outros voluntários pudessem compartilhar com os menos favorecidos aquilo que suas profissões haviam lhes ensinado. Pronto! Estava ali a grande chance de trabalhar com algo que lhe dava prazer.

A instituição cuidava de ex-dependentes químicos e com seu projeto passou a oferecer aulas de diferentes temas, o que ajudava a resgatar a cidadania daquelas pessoas marginalizadas pela sociedade. Ele ensinava contabilidade básica e, principalmente, falava sobre relacionamento, sobre como as pessoas devem tratar umas as outras no ambiente de trabalho e na sociedade.

Esse senhor, o qual já não me lembro mais do nome, não estava propriamente exercendo uma profissão com carga horária, registro de ponto e carteira assinada. Estava realizando seu sonho e encarando o trabalho como algo sério e valoroso. E mais: como uma grande contribuição para o mundo. Ali cumpria o que acreditava ser sua missão.

É assim que fazemos com que nossa luz brilhe. É assim que conseguimos doar o que há de melhor em nós, com um benefício que vai muito além da simples troca de ajudar e ser ajudado. Realizando nossos sonhos fazemos brilhar nossa luz.

PENSE NISSO

- Seja um sonhador que está sempre aberto ao aprendizado, principalmente aquele que se retira das próprias experiências
- Doe-se para os outros, mas não espere intensamente o retorno. Quem vive em função do retorno perde a proteção emocional.
- Não tenha medo de entrar em contato com sua realidade, reconheça erros, detecte suas falhas e defeitos.
- Compreenda que os fracos condenam, mas os fortes perdoam.
- Apaixone-se pela vida, mesmo que o mundo desabe sobre você.
- Saiba que seus maiores inimigos não estão ao lado, mas dentro de si mesmo, no centro da sua mente.
- Tenha prazer em romper a rotina e surpreender os outros.
- Ande por ares nunca antes respirados e saiba recomeçar, sem se esquecer de sonhar.
- Brilhe a luz que há em você: abra um sorriso para falar dos seus sonhos e voe na direção deles.

SEGUNDA LIÇÃO

Lidere a si mesmo

"Liderar, antes de tudo, é saber ouvir."

James Hunter

Liderança. Essa palavra se tornou muito comum no início do século XX, não só nos meios empresariais, mas também nas relações sociais e pessoais. Emprestada do mundo do trabalho, a liderança não serve mais só para chefes que precisam comandar grandes equipes. Agora, o conceito tomou uma dimensão maior: antes de liderar os outros é preciso aprender a liderar a si mesmo. Eis aí um desafio e tanto.

Quantas vezes nos pegamos numa verdadeira tempestade, com tudo desorganizado no trabalho, em casa, nos estudos ou mesmo com as ideias totalmente embaralhadas? Nesses casos, entre outras competências, nos falta a liderança pessoal. Ou seja, quem não tem traquejo para liderar a própria vida, comandar suas atitudes, desejos e seus sonhos, provavelmente terá dificuldade para liderar outras pessoas. Precisamos ter habilidades para tomar conta da própria vida e orquestrar todos seus setores de forma satisfatória, para que tudo possa fluir, crescer.

Muitos profissionais ligados ao mercado de trabalho já escreveram sobre diferentes aspectos da liderança. Mas um dos que se destacaram mundialmente foi o consultor americano James Hunter, autor de *O monge e o executivo: uma história sobre a essência da liderança* (Sextante, 2007). O livro figurou nas listas dos mais vendidos no Brasil por conter uma simples parábola que ensina os valores de um bom líder. Hunter diz que escreveu a história para deixar registrado para a filha sua ideologia e os valores que aprendeu durante a vida. E os ensinamentos valem para todos nós.

Comece do zero

Para liderar um grupo, uma comunidade ou uma empresa, o ponto de partida é saber liderar a si mesmo. Para James Hunter, antes de comandar uma equipe temos de liderar nossos atos, hábitos e comportamentos que influenciam os que estão em nossa volta. Liderar a própria vida é condição fundamental para quem deseja chefiar postos importantes em empresas e repartições públicas.

A essência da liderança é sempre a mesma: devemos agir com autoridade e não com poder. Com poder age aquele que dá ordem e só busca resultados, a qualquer custo, sem se importar com o outro. Já agir com autoridade é oferecer condições para que equipes trabalhem satisfeitas rumo a resultados positivos. A ação permeada pela autoridade, de acordo com Hunter, nos permite entender as necessidades dos demais e se postar justamente no momento em que mais precisam para executar com eficiência suas tarefas.

Sirva ao próximo

A globalização, a expansão do capitalismo e os novos modos de vida adotados pela sociedade moderna têm estremecido as bases dominantes nos últimos tempos. Empregados estão deixando de ser tratados como subalternos para serem chamados de colaboradores, parceiros. As empresas inteligentes, aos poucos, reconhecem que a motivação é a peça-chave para o crescimento.

Não basta mais cumprir ordens, mas sim trabalhar de modo a tirar satisfação pessoal e ainda contribuir com o desenvolvimento das corporações. Quem não adota essa visão moderna de administrar está fadado ao fracasso e, mais hora, menos hora, terá de rever sua postura e passar a considerar o fator humano na relação chefe-empregado. Por isso, uma boa liderança é fundamental.

A base da liderança deve ser a autoridade, conquistada com amor, dedicação e alguns sacrifícios. Respeito, responsabilidade e cuidado com as pessoas são virtudes indispensáveis para um grande líder. "Para liderar é preciso estar disposto a servir", diz o consultor.

Para atingir essa excelência no comportamento é preciso estar muito atento às próprias atitudes e melhorar a capacidade de liderança e o convívio com os outros. Essa postura é que seria responsável por nos tornarmos pessoas melhores e abrir caminhos para o sucesso duradouro. Na opinião de

Hunter, o principal desafio de quem lidera uma equipe é saber ouvir e aglutinar as opiniões para oferecer soluções democráticas.

Chefes que impõem e dizem que "é assim porque tem de ser assim" estão sujeitos a despertar nos demais o descompromisso com o trabalho, além de uma postura de trabalhar pelo dinheiro e não por um ideal de crescimento. Um exemplo de liderança ideal é o comportamento de Jesus Cristo. Ele servia a todos e com isso ganhou respeito e autoridade para que seus ensinamentos fossem ouvidos e praticados. Assim deve ser um chefe, um amigo, um voluntário, um pai de família, um professor.

Reveja suas escolhas

Uma das principais escolhas inadequadas dos líderes é confundir liderança com poder. A verdadeira liderança tem a ver com a autoridade e a capacidade de influenciar pessoas. Quando você usa o poder, obriga as pessoas a fazer sua vontade. Com autoridade, as pessoas fazem o que você deseja, de forma espontânea, porque você os influencia. Liderar é influenciar.

É bom sempre lembrar que, independentemente do tamanho da empresa ou do grupo a ser comandado, a essência da liderança deve ser a mesma. Essa essência se constrói em pequenos núcleos, sempre que alguém influencia alguém.

A liderança servidora não tem nada de antidemocrática. Funciona assim: a maneira mais simples de se tornar um líder servidor é tratar os outros da maneira como gostaríamos de ser tratados. Devemos ser os pais, vizinhos e chefes que gostaríamos de ter.

Saiba diferenciar

Ter capacidade para executar não significa que você seja um líder. O bom líder deve ser um inspirador, alguém que transforma as pessoas em profissionais melhores. De nada adianta ter habilidades gerenciais sem uma liderança que influencie. Para Hunter, liderar é ter a capacidade de identificar e reconhecer as necessidades dos outros, satisfazendo-as. Mas é preciso tomar cuidado para não confundir necessidades com desejos. Um líder deve satisfazer as necessidades da sua equipe: fornecer equipamentos adequados para trabalhar, por exemplo, e um bom treinamento. Além disso, o líder deve ter vontade de melhorar tanto a si quanto às pessoas que estão em sua volta.

Motive-se mais

A motivação é cada vez mais considerada peça-chave no trabalho. No entanto, os profissionais têm o desafio de adquiri-la verdadeiramente, sem cair em fórmulas que se esvaziam de uma hora para outra. Hunter aconselha: "É preciso deixar claro para o funcionário o que se espera dele, identificar suas necessidades para atingir esse ponto ideal e ajudá-lo a chegar lá. No meio do caminho é importante elogiá-lo quando ele vai bem, mas corrigi-lo quando ele vai mal. As pessoas precisam ser valorizadas, tratadas com respeito e serem ouvidas", diz. Resumindo: os melhores líderes são aqueles que sabem a hora de abraçar e a hora de repreender.

Desperte sua essência

Se você observar atentamente, encontrará pessoas que parecem já ter nascido para liderar, enquanto outras só conseguem essa habilidade por meio do aprendizado ao longo da vida. Não há como mensurar, mas isso acontece, em diferentes graus. Nessa discussão é importante entender dois aspectos: a diferença entre caráter e personalidade. Personalidade é algo imutável, que se forma até os seis anos de idade, segundo os especialistas em comportamento, e é como você vai ser para o resto da vida. Já o caráter, esse sim pode ser moldado ao longo dos anos, da maneira como quisermos, dependendo das nossas escolhas. E é justamente o caráter o item fundamental para a boa liderança. "É preciso ser justo, honesto e digno. Isso tudo não é personalidade e sim caráter. É necessário trabalhar para construir um caráter de líder", considera Hunter.

Reformule seus conceitos

Atualmente, tem se falado muito em qualidade de vida, autoestima e autoconhecimento. Porém, conciliar a competitividade e as pressões do dia a dia com um crescimento saudável é uma tarefa desafiadora. Mas nunca se esqueça: ser líder de si mesmo é fundamental para chegar lá.

Na opinião de James Hunter, é necessário trabalhar muito para isso. Ser um líder requer comprometimento e dedicação, mas nem todos estão dispostos a se comprometer. "Todo mundo pode ler um livro e dizer que vai mudar. Mas mudar, mesmo, dá trabalho", diz o consultor. E você, o quê pretende? O quanto tem se esforçado e se comprometido com sua evolução?

Recupere a alegria de viver

Numa instituição em que faço um trabalho voluntário, já ouvi diversos relatos de pessoas que afirmam ter "perdido o eixo" depois de passarem por uma tragédia ou uma grande decepção. Certa vez, atendi um senhor de 45 anos, casado, pai de um adolescente de 16 anos. Mecânico de motos, com mais de 25 anos de experiência, ele estava passando por uma fase de total desânimo e tristeza, pois sua oficina amargava prejuízos há um bom tempo. Ao longo das semanas em que o atendi, ficou claro que as circunstâncias o fizeram perder a paixão pela vida e, por isso mesmo, nada mais fazia sentido. Conversamos muito. Ouvi relatos impressionantes, permeados de muita angústia e até lágrimas. Naquele momento, foi necessário que ele se abrisse de tal forma como nunca havia feito antes. Era a primeira vez que aquele senhor se entregava a uma autoanálise, a um processo de autoconhecimento. Era preciso assumir o controle, voltar a se liderar para viver mais feliz consigo e com sua família.

Bastou entender que os fatos não poderiam determinar quem ele era que tudo começou a mudar. Ele gostava de participar de enduros de motos, mas aos poucos abandonou seu hobby. Também fazia pequenas confraternizações em família, mas com o tempo foi se isolando a ponto de nem ter contato com os parentes. Como tinha experiência, era sempre procurado pelos profissionais da área de mecânica para dar opiniões ou mesmo para resolver problemas. No entanto, como perdeu o controle financeiro, aos poucos ele foi se "apagando" até chegar a um estado emocional em que não sentia mais alegria de viver.

O que esse senhor estava passando é comum a muitas pessoas. Infelizmente, num determinado momento da vida nos definimos muito mais pelas circunstâncias do que por nossa verdadeira essência. E nosso grande erro é nos afastarmos cada vez mais daquilo que nos faz bem. Se a situação está complicada, quanto mais nos distanciamos dos caminhos que nos geravam bem-estar, mais contribuímos para a instalação do que chamo de "estado de infelicidade".

É nessa hora que precisamos acionar o "ponto" que nos dá a energia necessária para a retomada. Por isso o autoconhecimento é tão importante. Se você se conhece, você consegue ser seu próprio líder, tanto dos pensamentos quanto das ações. Quem não se permite conhecer os próprios comportamentos acaba perdendo a chance de retomar sentimentos que antes eram tão benéficos para enfrentar as adversidades do dia a dia.

Não espere mais! Lidere-se, acione seu "ponto" e volte a fazer tudo o que lhe traz alegria e satisfação. É valorizando sua essência que você redefine sua realidade atual.

Retome suas amizades, volte a fazer aquilo que lhe dá prazer. Se está sem tempo e sem recursos no momento, adapte tudo o que fazia para sua nova realidade.

Se ia ao cinema toda semana e agora tem de conter os gastos, alugue filmes ou reveja os que já tem em casa. Se saía para jantar, promova encontros em casa com os amigos, o que pode lhe render mais risadas e descontração. Se viajava periodicamente com a família, faça um piquenique em algum bosque perto da sua casa. Volte a andar de bicicleta, fazer caminhadas, releia seus livros preferidos, doe o que não usa mais e libere espaço em sua casa e sua mente para que o novo possa fluir. Junte os amigos, lembre-se das histórias engraçadas do passado. Ao acordar amanhã, treine um novo olhar, imaginando sua vida como um grande filme, cujo roteiro é você quem escreve. E o final? Ah, nem pense no final. Viva hoje como se fosse seu último dia, mas sem perder tempo em definir o final. Com bom senso e responsabilidade, você irá desfrutar muito mais de tudo o que já conquistou. Isso sim é liderar!

PENSE NISSO

- Entenda de liderança para comandar sua vida, com o objetivo de viver bem e realizar suas metas.
- Diferencie liderança e poder. Liderar é influenciar pessoas para trabalharem entusiasticamente para o bem comum. Já exercer o poder é forçar ou coagir alguém a fazer a sua vontade.
- Desperte em si e nos outros a vontade. Intenção mais ação é igual à vontade. Só quando nossas ações estiverem de acordo com nossas intenções é que nos tornaremos pessoas harmoniosas e líderes coerentes.
- Tenha autocontrole. O líder deve ser exemplo de bom comportamento para os jogadores, para as crianças, para os empregados ou para quem quer que esteja liderando. Se o líder gritar ou perder o controle, pode estar certo de que o time também perderá a calma e tenderá a agir de forma irresponsável.
- Ame, pois o amor deve ser a base do comportamento do líder. E amar inclui valores como humildade, respeito, generosidade, perdão, honestidade e compromissos.

TERCEIRA LIÇÃO

Tente mais uma vez

"Para tentar outra vez é preciso adotar novas posturas, se comprometer de maneiras diferentes e fazer cumprir para si mesmo o que foi prometido."

Cesar Romão

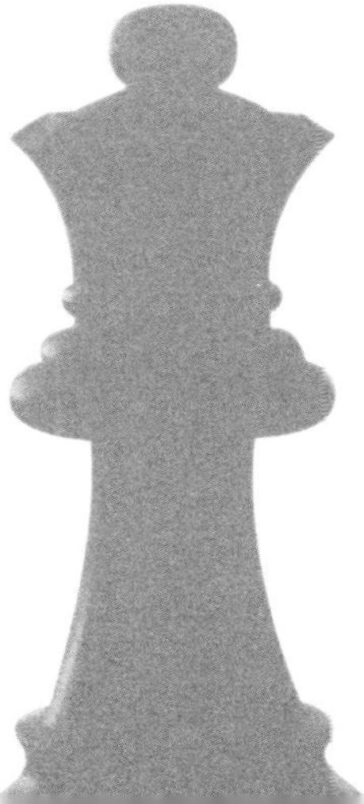

Que atire a primeira pedra quem nunca se pegou em situações em que optou pelo comodismo, pela resistência ao novo ou, pelo medo de errar e se frustrar, acabou ficando com menos do que gostaria e merece. Boas intenções todos têm. Muitos têm também boas ideias, grandes projetos e sonhos plausíveis. No entanto, ao primeiro obstáculo, infelizmente é comum observar que muitas pessoas ficam estagnadas, retrocedem e até desistem do que queriam, por mais nobres que fossem seus desejos. Além de atitude, estratégia e muita ação, mais do que nunca é preciso também incluir na lista de bons comportamentos a coragem para sempre tentar de novo, quantas vezes for preciso, para se chegar ao topo.

Tentar de novo é tão importante quanto agir pela primeira vez. Isso porque nem sempre os resultados dependem exclusivamente de nós, o que dá margens para que algumas coisas não saiam como foi planejado. Assim, é fundamental ter visão, humildade e capacidade para reconhecer os erros, valorizar os acertos e se lançar novamente rumo ao objetivo já definido.

Quem não insiste está perdendo a grande chance de ser feliz somente por não ter a disposição de começar tudo outra vez. Para algumas pessoas, é mais fácil reclamar, encontrar as justificativas mais estapafúrdias e colocar a culpa em alguém pelos seus fracassos do que analisar o porquê de suas metas não terem sido atingidas. Lamentar, obviamente, não leva a nada e (o pior) afasta ainda mais as possibilidades dos bons projetos serem colocados em prática. Para tentar de novo é preciso adotar outra postura, refletir mais e se abrir verdadeiramente para o aprendizado. Dessa forma, as conquistas ficam mais saborosas e dão a sensação de terem valido a pena, apesar de tropeços.

Não faltam pessoas para nos desestimular. Inconscientemente, amigos, chefes, colegas de trabalho e familiares acabam nos desencorajando quando encontramos entraves na realização de nossos sonhos. Apelam para crenças infundadas ou atribuem a Deus, de forma equivocada, os motivos de nada sair como foi planejado: "Foi Deus quem quis assim", dizem. Incentivo verdadeiro é coisa rara. Por isso, é preciso buscar dentro de você a motivação e a perseverança para seguir em frente.

Algumas pessoas têm receio de afirmar que estão "tentando" atingir determinado objetivo. É como se tivessem a obrigação de ter acertado de primeira. Assim, tentar, tentar e tentar seria um atestado de incapacidade. Pelo contrário, a tentativa enobrece a conquista, pois demonstra a perseverança, um comportamento que precisa ser cada vez mais valorizado em nossas relações.

Questione seus condicionamentos

Um dos escritores e conferencistas que batem nesta tecla, a da importância de tentar outra vez, é o professor Cesar Romão. Em seu livro *Tente outra vez* (Arx, 2003), ele lança questionamentos importantes que podem ser tomados como ponto de partida para quem deseja rever sua acomodação e conformidade exageradas. Para Romão, quando desistimos de algo que queremos muito, acabamos por aceitar o que somente está disponível nas "prateleiras do mundo". Ou seja, quem não busca uma nova realidade de forma persistente, fatalmente tem de se contentar com as "migalhas da vida". Mesmo quem afirma estar conformado com os "nãos" que recebe, no fundo acalenta uma sensação de infelicidade por não ter realizado seus próprios sonhos.

Ao "tentar outra vez", é importante ter cuidado para não repetir ações ineficazes. Insistir, antes de tudo, é rever posturas, planos, estratégias e hábitos. Certamente, com um olhar mais crítico e consciente será possível detectar onde estão as falhas para, então, corrigi-las.

Um exemplo sobre tentativas que sempre uso em minhas palestras diz respeito à educação infantil. Há pais que reclamam sobre tentar inúmeras vezes mudar o comportamento dos filhos com relação a algum aspecto, mas nunca obtêm sucesso. Acontece que, sem perceber, repetem a mesma estratégia. Falam "mil vezes" a mesma coisa, na mesma hora e situação, esperando que o filho aja de modo diferente. Ou seja, a partir da segunda ou terceira reprimenda, a criança já nem assimila mais o que está sendo dito, e a tentativa do pai ou da mãe se torna inútil. Vale lembrar que, para corrigir um filho sobre seu erro, é preciso moldar o diálogo para que a comunicação seja eficaz. Não adianta usar o mesmo discurso sempre nos momentos de crise ou na hora em que os problemas acontecem. Tentar assim é desperdiçar tempo e colaborar para que a frustração apareça.

Precisamos romper os condicionamentos e parar de acreditar que, pelo simples fato de tentar, vamos chegar aonde queremos. É preciso flexibilizar o discurso e a ação, caso contrário todo esforço será inútil.

Amenize o problema

Não raro nos surpreendemos valorizando demais os problemas, dando a eles um "peso" que na realidade não possuem. Pense bem: será que tudo o que você classifica como problema é realmente algo conflituoso?

Cesar Romão propõe que os problemas sejam encarados como bússolas para tomar novas direções ou mesmo como uma mola propulsora para aprender e crescer cada vez mais. Numa visão mais positiva, um obstáculo pode ser o começo de uma solução. Ou seja, se ele aparece é porque algo precisa ser revisto, consertado, ajustado à nova realidade.

Pense agora no seu maior sonho. Puxe pela memória tudo o que você já fez para realizá-lo. Quantas vezes você tentou? Uma, duas, três, dez? Infelizmente, tem muita gente parando na segunda tentativa. Pior: há quem nem tente, pois se baseia nas decepções dos outros, esquecendo-se que cada ser é único e deve construir sua própria história.

Livre-se da assimilação negativa

Cada vez mais, a persistência tem sido valorizada, em todos os setores da vida. Mas nem todos têm o comportamento de tentar outra vez ou insistir para alcançar seus objetivos. Na opinião do mestre Romão, "seres mamíferos" que somos temos a tendência de seguir o caminho que mais está compatível com nossas necessidades interiores. Ele cita como exemplo os elefantes, que passam uma vida toda em determinadas épocas do ano fazendo a mesma rota para obter sua água e alimento. Por sua vez, as baleias fazem o mesmo percurso marítimo para se acasalar durante toda sua existência. "O ser humano é dependente de instintos condicionados. Queremos colo e leite na boca", diz Romão. Ser independente e persistir naquilo que queremos é o primeiro e grande desafio a ser vencido.Quando ultrapassamos essa barreira e experimentamos os benefícios de atingir metas, tudo torna-se mais claro, mais compensador.

Repare ao seu redor ou mesmo em seu próprio comportamento: somos verdadeiros assimiladores de experiências negativas, e também as conduzimos como ninguém. "Muita gente carrega em sua vida uma enorme bagagem com poucas características nutritivas, além de inibir suas habilidades para adotar novas maneiras de viver. Para alguns, tentar outra vez é sofrer de novo. Para outros, tentar é uma grande oportunidade", diz o professor.

Arregace as mangas

É preciso ter disposição para tentar outra vez. Eis aí um desafio que até mesmo antecede as ações para retomada daquilo que se pretende realizar. A decisão pelo recomeço está estritamente ligada aos valores. Ou seja, para buscar forças e tentar de novo precisamos detectar o que é importante para nós, o que é nossa "razão de existir". Família, carreira e bem-estar pessoal são pilares importantes e que sempre motivam para sair novamente em busca dos sonhos. Quem não tem valores dificilmente tem entusiasmo para recomeçar.

Para tentar de novo é preciso uma boa dose de racionalidade. Isso mesmo! Geralmente, quando queremos muito alguma coisa, seja uma casa, um carro, uma faculdade, uma viagem ou mesmo um grande amor, colocamos nessa busca uma alta dose de expectativas. Não raro exageramos nas emoções envolvidas nesse desejo, o que pode aumentar a frustração caso ele não venha a ser realizado. Então, quando nada do que fazemos dá certo e precisamos tentar de outras maneiras, precisamos "aparar" os sentimentos, separando o que é real e possível do que é fantasioso e distante.

Nesse momento, o mais relevante é "voltar para o eixo" e refazer o caminho utilizando o bom senso e a perspicácia como alicerces.

Lide melhor com a frustração

Decepção e frustração costumam ser os maiores empecilhos no exercício de tentar outra vez. Volto a afirmar: esses sentimentos só aparecem quando há excesso de expectativa. É importante não torná-los uma carga tão pesada a ponto de atrapalhar a caminhada. Leve em conta também que decepção e frustração podem ser resultado de ações mal planejadas.

Quem "deixa como está para ver como é que fica", conforme prega o ditado popular, está mais sujeito a ver sua felicidade escorrer pelo ralo. Quem não planeja e não inclui o "tentar de novo" como um elemento que pode ser necessário rumo ao sucesso provavelmente fica à margem do que a vida tem de melhor. Criar metas, conhecer os pontos fracos e fortes e ter em mente que sempre é preciso "seguir em frente" são atitudes fundamentais para viver bem.

Liste seus pontos fracos e fortes

Há um simples exercício que ajuda bastante na identificação do que pode ser melhorado a partir para novas tentativas para realizar objetivos. Pegue papel e caneta e liste cinco pontos que você considera fracos em seu comportamento. Na frente, escreva uma ou mais atitudes que podem ser tomadas para melhorá-los. Em seguida, anote também cinco pontos fortes. Dessa vez, mencione na frente deles como podem ser usados para combater suas falhas.

Esse pequeno mapa do seu comportamento é um instrumento poderoso de autoconhecimento. Em geral, sabemos quais são nossas fraquezas e nossas características positivas. No entanto, enquanto essas classificações ficam somente no âmbito mental, não conseguimos explorá-las em nosso favor. Trazer para o nível consciente nos faz ficar no controle para saber o que fazer para mudar.

É sempre importante lembrar que para tentar de novo é extremamente importante mudar as estratégias. Caso contrário, como diz o ditado, fazer igual antes é "dar murro em ponta de faca" ou "bater a cabeça na parede". Um bom exemplo sobre tentativas frustradas é observado na educação dos filhos, como mencionamos. Há mães que se queixam por não conseguirem corrigir um mau comportamento dos filhos, como ficar muitas horas à noite no computador, por exemplo. No entanto, ao investigar, descobre-se que a mãe sempre o repreendeu com o mesmo tom de voz, na mesma situação (tarde da noite) e com o mesmo tipo de ameaça. Assim, a mensagem não tem efeito e o comportamento ruim continua. Tentar mudar a situação é, sem dúvida, uma perda de tempo.

O ideal seria conversar com o filho em outro momento, de preferência longe do computador, ouvir suas necessidades e, ao mesmo tempo, explicar os motivos pelos quais as horas na frente da tela podem ser prejudiciais. O problema pode até não ser resolvido de imediato, mas a simples mudança de estratégia traz resultados positivos para a relação e abre brechas para que outros comportamentos também possam ser alterados.

Aproxime-se dos seus objetivos

Neste processo de autoconhecimento e transformação é importante ficar atento aos sinais que mostram que estamos nos distanciando dos nossos sonhos e objetivos.

Algumas atitudes ruins podem paralisar o curso das boas ações. Um dos principais sentimentos é o de acomodação. O grande risco não é o de sonhar alto demais e sim acomodar-se demais. Observe: pessoas que começam a se conformar com tudo e, para isso, buscam justificativas quando apresentam desempenho baixo ou fracassam, acabam abandonando seus sonhos pelo caminho. Há também os que começam a "terceirizar" a responsabilidade quando não obtêm sucesso naquilo que estão fazendo.

Note que a paralisação vem de dentro para fora e não o contrário. Ao nos sentirmos fracos por dentro, por exemplo, é comum criarmos um ambiente frágil em nossa volta. Daí para pequenos problemas se transformarem em obstáculos é só um passo.

Infelizmente, quando entramos numa fase muito negativa, em que ficamos presos ao passado, geralmente nos "acostumamos" com esse padrão e por isso temos mais dificuldades para tentar outra vez. Ou seja, quanto mais peso colocamos sobre a "carroça", embora ela continue seu percurso, mais lento o "cavalo" vai andar, diz a sabedoria popular.

Há pelo menos duas maneiras de encarar o passado. Ou ele é uma escola, em que os aprendizados ficam gravados na memória e se mostram em nosso comportamento para o resto da vida, ou ele pode ser um grilhão, sempre nos deixando presos a ações de resultados medianos. Ao nos apegarmos demais ao passado estamos fazendo dele nosso presente e até mesmo nosso futuro.

Ainda estamos muito presos aos erros que um dia cometemos, e nos punindo por eles, e perdemos muito tempo presente com pessoas, situações e pensamentos que não valem a pena. O futuro, para alguns, em vez de ser algo estimulante, passou a ser motivo de medo e angústia. Não estaria na hora de rever tudo isso?

Reconheça a hora de recomeçar

Outro fator importante para quem se dispõe a tentar de novo é também reconhecer a hora em que se deve recomeçar e insistir em determinados objetivos. Isso porque há situações em que realmente precisamos parar e fazer outras opções. Mas como saber quando fazer isso? Há critérios que podemos usar para perceber o momento correto de abandonar uma situação?

Para o mestre Cesar Romão, há muitas pessoas que estão realmente motivadas pelos seus sonhos, mas ficam "batendo na mesma tecla". O ideal, para evitar desperdícios de todo o tipo, é ampliar as competências na direção certa e mensurar se os esforços estão se tornando resultados positivos. "Do contrário é preciso repensar todo o processo de conquista, o que pode ser feito com base em suas competências e aptidões. Nossa capacidade de abandonar determinados caminhos também é importante na busca de nosso verdadeiro caminho", diz Romão.

Muitas vezes nos surpreendemos com uma sensação de "vazio", como se estivéssemos sem saber que rumo seguir. Nessas horas, passado e futuro parecem tomar dimensões muito superiores do que as que realmente têm. A dica para enfrentar esse tipo de situação é pensar melhor sobre o que fomos, o que somos e o que desejamos ser. O próximo passo é avaliar nossas prioridades e se estamos verdadeiramente dispostos a "pagar o preço" para obter aquilo que desejamos. De nada adianta nessas horas ficarmos curtindo o "vazio", que acaba se tornando um verdadeiro veneno para o corpo e a mente, nos deixando disponíveis para que outras pessoas nos conduzam como bem desejam.

O mestre Cesar Romão dá um toque importante: viver requer uma avaliação quase que diária. Quem não se lança a esse exercício não consegue ter noções mais precisas sobre seu próprio passado nem de como pode ser o futuro.

Livre-se das amarras

Somos presas fáceis da inércia. Tudo leva a ela quando estamos diante de situações em que é preciso tentar de novo: medo de fracassar, receio de parecer ridículo e até a vergonha de ter de refazer o percurso. Muitas pessoas simplesmente não recomeçam porque têm muita vergonha de admitir perante os outros que precisa rever suas atitudes e refazer o caminho.

Mas pior que isso está no que o mestre Cesar Romão chama de "síndrome de vítima do mundo". Tal "doença" é caracterizada pela transferência da culpa quando há falta de bons resultados. Por mais que se tente ignorar, um passo importante rumo às realizações é assumir a responsabilidade por nossos fracassos. Só assim conseguimos pagar o preço para superar os próprios limites. Você pode não perceber, mas na maioria das vezes você é seu próprio "inimigo" na busca de seus ideais, principalmente quando cria e dá vida aos mais diferentes tipos de obstáculos. Agindo desse modo, fatalmente estamos mais propensos a entrar em crises e viver um eterno descontentamento. Ao resistir em aceitar certas verdades e não se adaptar às mudanças, estamos jogando pela janela todas as oportunidades de crescer.

Muita gente não sabe, mas nossas emoções e sentimentos são transformados em enzimas que se alojam no cérebro. São elas que normalmente criam condições satisfatórias ou não, razões pelas quais é necessário tomar muito cuidado com os pensamentos e emoções.

Romão afirma que é extremamente importante nos adaptarmos às mudanças, pois estamos sempre precisando desenvolver novas competências. Isso porque hoje é fundamental reaprender muito sobre o que já havíamos gravado em nossa memória, principalmente para manter o que é mais importante, que são nossos relacionamentos.

Volte atrás agora

Você já reparou que para algumas pessoas "voltar atrás" numa decisão ou opinião parece coisa impossível? Pois é, para estas ter de admitir que as coisas "não são bem assim" é um enorme sacrifício.

Esse tipo de comportamento nada mais é do que uma demonstração de despreparo. Ou seja, quem não consegue crescer com suas vivências e não têm capacidade de enfrentar algumas situações acaba adotando um discurso de autoafirmação: "eu sou assim, o que falei, está falado". Por outro lado, há quem volte atrás com facilidade e até faça tudo igual novamente, com as devidas correções, se preciso, pelo simples fato de ter coragem e vontade de aprender e reaprender, além de capacidade de agir com segurança diante dos acontecimentos.

Há muito tempo, manter-se rígido em determinada postura era até considerado um valor. Lembro-me das histórias que meu avô contava, do tempo em que "a palavra" de um verdadeiro homem deveria ser mantida a todo custo. Há algumas décadas, na sociedade brasileira, quem voltava atrás não tinha palavra. A flexibilidade, tão valorizada hoje em dia, era tida como frouxidão de valores e princípios. Ainda bem que as relações se transformaram e hoje podemos nos dar o direito de refazer o caminho sem que para isso deixemos de lado nossa verdadeira essência.

É importante refletir que o fato de existirmos consiste em estar, de alguma forma, fazendo aquilo que tem de ser feito. Repare: quando se faz o que tem de ser feito, acabamos chegando ao lugar onde determinamos. "Nosso desafio é justamente identificar o que precisamos fazer", observa Romão. Muitos sabem o que gostariam de ser na vida, mas não têm a mínima ideia do que precisam para conseguir o que almejam. Ou se têm, acabam se afundando em tentativas frustradas e desculpas medíocres.

Preste atenção nas entrelinhas

Sempre é possível tirar lições dos projetos que não deram certo ou mesmo daqueles que vingaram somente depois que mudamos o curso dos acontecimentos. Só conseguimos isso quando encaramos os fatos como experiências passíveis de avaliações e reconsiderações.

O jornalismo me ensinou isso na prática. É comum uma redação de jornal, revista ou televisão fazer um planejamento do trabalho a ser executado e perceber, lá na frente, que tudo precisa ser alterado em função de inúmeras tentativas que não deram certo.

Não é difícil encontrar pessoas que repetem padrões de comportamento e nunca mudam atitudes que poderiam provocar outros resultados em sua vida. É fundamental avaliar os resultados de tudo que nos acontece, analisá-los e transformá-los em ferramentas para novas "arrancadas".

Fique atento ao que está escrito nas entrelinhas, pois a felicidade está justamente naquilo que sequer imaginamos que seria um dos componentes para atingi-la. Se você está disposto a tentar outra vez, o mais importante, além de adotar outras posturas, é se comprometer de maneiras diferentes e fazer cumprir para si mesmo o que foi prometido. Isso porque, não raro, temos pouquíssimo comprometimento com nossas estratégias. Não adianta pensar que elas possuem vida própria e que por isso não precisam "ser alimentadas" todos os dias. O ideal é atuar de forma efetiva nessas estratégias, para que elas possam nos fazer seguir adiante e conquistar resultados. Quanto mais conhecermos sobre um assunto, por exemplo, mais aumentaremos nossa chance de obter sucesso.

Em tudo na vida, ouvir o coração é importante, mas nunca se esqueça do peso da razão nas tentativas para reencontrar seu caminho. Precisamos de razão e emoção de forma equilibrada. Na medida certa, elas são cruciais em nossas escolhas. Basta parar um pouquinho para perceber se você está agindo demais pela razão ou pela emoção. Quando estiver nesse exercício, procure balancear os dois comportamentos e questionar mais. Dessa reflexão nasce um terceiro elemento poderoso: a intuição. Não espere demais: tente mais uma vez. Com certeza, vai valer a pena!

PENSE NISSO

- Busque em você a coragem necessária para começar de novo. Você tem dentro de si tudo o que necessita para vencer os obstáculos e triunfar.
- Preste atenção para não viver "ciclos de fracasso". Perceba se está repetindo erros do passado.
- Não entre numa onda de negativismo. Acredite que tudo sempre pode ser melhorado.
- Tome iniciativa. Agir é essencial para não deixar que as insatisfações se acumulem.
- Inclua na sua rotina o reforço dos objetivos. Sempre que lembramos deles nos fortalecemos para seguir adiante.
- Não paralise diante dos obstáculos. Perceba se eles são um sinal para você fazer alterações.
- Anule do seu comportamento a inércia, a enrolação, a procrastinação e a reclamação. Tudo ficará muito diferente.
- Volte atrás e ponto. Essa atitude é mais digna do que ficar em cima das próprias razões, que muitas vezes são equivocadas.
- Seja mais intuitivo, pare mais para analisar os fatos. As entrelinhas do que nos acontece dizem muito sobre o que fazer.

QUARTA LIÇÃO

Persista sempre

"Para evoluir e somar conquistas é preciso adicionar persistência em tudo na vida."

Nuno Cobra

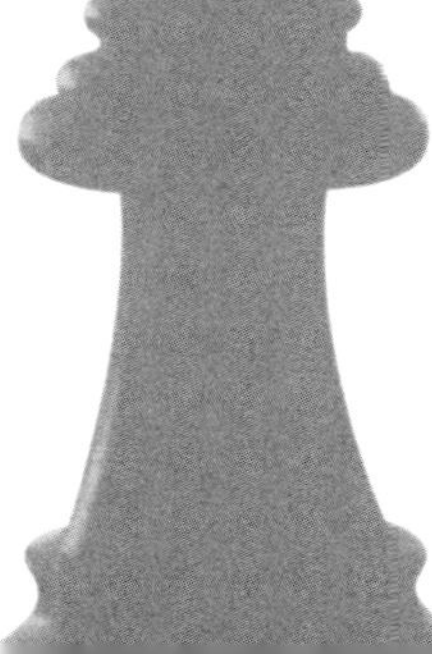

Uma das grandes lições para se chegar aonde deseja é a persistência. Competência, iniciativa e objetivos claros são fundamentais. Mas, sem persistir fica mais difícil realizar sonhos, cumprir metas, promover transformações. Isso porque, por mais que os planos sejam bons e que haja esforço para realizá-los, nem sempre eles são finalizados ou aceitos como são. Quando alguma coisa falha, seja por nossa imprudência ou pela intervenção de terceiros, é necessário recorrer à persistência. Começar de novo, corrigindo erros e agregando pensamentos e atitudes, pode fazer a diferença e tornar as conquistas ainda mais relevantes.

Um dos defensores da persistência mais conhecidos no Brasil é o treinador físico e mental Nuno Cobra, autor do livro *A semente da vitória* (Senac, 2005). Sua bandeira é facilmente reconhecida quando se sabe que ele já foi preparador de personalidades como o piloto Ayrton Senna e o empresário Abílio Diniz, uma das fontes deste livro. Em suas palestras, workshops e livros, Cobra prega que a persistência é a chave para o êxito.

Atualmente, ter saúde e equilíbrio emocional não é questão somente de opção, mas sim de sobrevivência. Estamos expostos a tudo: pressão no trabalho, falta de tempo para a família e o lazer, além de problemas como violência e crises econômicas. Tudo depõe contra a qualidade de vida. E nessas jornadas estafantes, atividades físicas e espiritualidade são relegadas a segundo plano ou mesmo desconsideradas. Assim, para seguir adiante, evoluir e somar conquistas, é preciso adicionar a persistência em tudo que fazemos. Precisamos persistir na busca pela paz, na cruzada para ter uma boa alimentação, na intenção de levar a academia a sério depois de um mês de frequência, e no compromisso de cuidar da nossa essência, da nossa espiritualidade.

Para Nuno Cobra, as mudanças significativas só são possíveis quando conseguimos abandonar as preocupações. Elas minam nossas melhores intenções e funcionam como uma "pedra no caminho", mesmo que haja capacidade e vontade de realizar mais e melhor.

Desafie-se mais

Viver é um verdadeiro desafio. Assim, para continuar a dar valor na vida e achar sentido naquilo que fazemos, é necessário sempre ter novos desafios. Eles nos impulsionam, nos provocam e mexem com instintos que são capazes de nos jogar rumo ao desconhecido para desbravar nossas próprias barreiras. E nesse processo, resgatar e manter a autoestima é fundamental.

Um dos métodos criados por Nuno Cobra propõe justamente que se explore o potencial humano através do corpo físico. A proposta é buscar, por meio das conquistas com o corpo (o organismo, a musculatura), adquirir uma ferramenta eficiente para o desenvolvimento do que ele chama de "corpo emocional, mental e espiritual". O exercício permite tomar conhecimento de nossas infinitas possibilidades, o que automaticamente colabora para o resgate da autoestima.

Não faltam receitas pra viver com qualidade, o que faz com que muitas pessoas fiquem perdidas ao ter de decidir sobre que caminhos seguir. O mais importante é entender que ter uma vida melhor deve ser uma conquista pessoal e não algo imposto por terceiros. "O fundamental é ter um sono reparador, uma alimentação balanceada, fazer uma atividade física e aprender a relaxar", afirma Nuno Cobra. Para colocar tudo isso em prática é preciso persistir. Se no primeiro desafio entregamos os pontos, corremos o risco de viver "eternos recomeços", sem nos dar conta de que é possível chegar ao final e colher os frutos de nossos esforços. Se mudarmos nossas atitudes, garante o mestre, atingiremos patamares inimagináveis.

Dê-se a atenção necessária

A persistência passa pelos cuidados simultâneos com o corpo e a mente. Não adianta se atentar para um e abandonar o outro, porque assim os resultados não serão satisfatórios e, além disso, vão enfraquecer o que seriam nossos pontos positivos nessa empreitada pelo melhor. É preciso cuidar do físico e, ao mesmo tempo, elevar o espírito.

Nuno Cobra lembra que no passado chegou-se a acreditar que o funcionamento do corpo se estabelecia em áreas distintas e incomunicáveis. Felizmente, esse paradigma mudou e agora se entende que o ser humano é absolutamente único e inseparável. Tudo funciona numa perfeita interação: o físico, o mental, o espiritual e o emocional. "Só não alcança a elevação espiritual, por exemplo, quem trabalha o corpo separadamente de si mesmo. É por isso que ele defende que não se deve fazer atividades físicas vendo TV, lendo ou ouvindo música, pois o ideal seria estar em contato com a natureza que há dentro de cada um, sem distrações. Mas comece do seu jeito. O importante é começar (e continuar firme).

Livre-se dos maus hábitos

Para ter condições de persistir é fundamental se livrar dos maus hábitos que aparecem pelo caminho. Preguiça, autossabotagem e pessimismo são os principais entraves na realização de projetos e sonhos.

Mas há também outro mau hábito que o mestre Nuno Cobra considera como um dos principais obstáculos: a preocupação. Para ele, o hábito de se preocupar deveria ser riscado da vida de quem deseja evoluir e se transformar. "Preocupação nada mais é do que uma ocupação antes da hora. Como nosso cérebro é 'burro', ele não sabe que a pessoa está apenas mentalizando algo inexistente. Assim, ele acha que o problema está sendo resolvido e coloca o organismo numa agitação estúpida e inconsequente, que envenena todo o corpo", diz.

Um dos antídotos contra os maus hábitos é tomar atitudes e colocar corpo e mente em ação. É preciso partir para o que o mestre chama de "modelagem física e mental". Ou seja, se no momento em que a pessoa estiver trabalhando o corpo, por exemplo, mergulhar dentro de si, estará também trabalhando sua mente. As conquistas matemáticas do corpo nos levam a perceber nossa força e poder. Com isso, levamos à nossa mente, às emoções e ao espírito uma nova verdade de vitórias.

Torne o tempo seu aliado

Persistir é a tarefa mais difícil para quem sempre alega falta de tempo. É como se não compensasse levar adiante os propósitos, já que para realizá-los foi gasto tempo e fazer isso novamente seria incorrer no erro.

A falta de tempo é uma das principais desculpas para não fazermos uma atividade física, por exemplo. Claro que cumprimos horários e dependemos do curso do relógio para ordenar a vida. No entanto, há uma outra perspectiva para a questão do tempo, a partir do momento que o entendemos como um fator emocional.

Preste atenção: colocamos tempo unicamente naquilo que consideramos importante. Assim, não há como conquistar uma vida melhor se você não se prioriza, se não se dá valor ou mesmo se você não faz parte da sua própria agenda. O tempo deve ser seu aliado e não seu inimigo. Se você tem tempo para amenidades, com certeza, se ficar atento, encontrará tempo para se dedicar àquilo que realmente lhe faz feliz.

Determine e seja firme

Paralelo à discussão sobre o tempo, outra se faz necessária: a determinação e a disciplina. Ambas são essenciais para cuidar bem tanto do corpo quanto da alma. Mesmo no corre-corre diário é possível desenvolver esses requisitos. No entanto, Nuno Cobra propõe: não opte pela determinação estúpida, aquela que é feita sem nenhuma análise, de forma aleatória. "Reflita e se conscientize da importância de priorizar certas atitudes para obter uma vida melhor", afirma.

Segundo o mestre, quando determinamos algo temos de passar por um período de adaptação até que essa mudança torne-se um estilo de vida que se manifesta de forma natural. Na verdade, o organismo está sempre à espera de que façamos algo por ele. Nos resta, então, a determinação e a disciplina para levar as escolhas adiante.

Deixe sua mente ociosa

Atualmente, tem-se propagado o ócio como poderoso recurso para ter criatividade e viver melhor. Para o mestre, essa visão é bem-vinda pois a sociedade chegou a níveis tão altos de atividade mental e estresse que cada vez mais precisamos nos atentar para o relaxamento total.

Mas Nuno acredita que o ócio mental se conquista mesmo é com o trabalho corporal. "O ócio que tem bons efeitos é aquele que se sente quando você está caminhando, correndo ou envolvido totalmente com qualquer outra atividade que movimente seu corpo. É esse ócio que apazigua o espírito, fortifica as emoções e permite, através da oxigenação do sangue, o surgimento de ideias fabulosas."

Os exercícios físicos atuam nas emoções a partir do momento em que eles passam a ser um hábito e são encarados como uma válvula de escape. Além das atividades para movimentar o corpo e a mente, Nuno Cobra diz que é imprescindível ter um sono reparador, o que ele considera como recurso poderoso para rejuvenescer as células e possibilitar um funcionamento orgânico mais eficiente. "É importante perceber se o número de horas que dormimos é contínuo e se o sono é profundo e restabelece as energias."

Na opinião do mestre, incluir um treinamento físico básico na rotina é alternativa certa para viver melhor. No entanto, há que se respeitar uma hierarquia de prioridades: primeiro vem o sono reparador, depois a alimentação equilibrada, e só em terceiro as atividades físicas. Ele sugere também não esquecer de praticar o silêncio. "Precisamos desligar nossa 'máquina mental', pois o silêncio é a verdadeira saúde. A meditação é um caminho, mas para quem acha o ato difícil a dica é simplesmente aprender a respirar", diz Cobra. Para ele, ao desligar a mente abrimos espaço para a comunicação com nosso mundo interior. "Quem equilibra a mente deixa de ser refém dos acontecimentos bombardeados pelo cotidiano".

PENSE NISSO

- Inclua o esforço em sua rotina. Quando nos esforçamos para mudar, os resultados aparecem.
- Não deixe que a pressão da vida moderna mine sua saúde física e mental.
- Tenha desafios sempre. Eles nos provocam e ressuscitam nossas forças.
- Exercite-se mais e aproveite esses momentos para se autoconhecer.
- Cuide de tudo: corpo, mente e espírito, pois somos uma interligação.
- Não se preocupe. A preocupação faz o corpo trabalhar por algo que não existe.
- Não escore-se na desculpa de falta de tempo. Sempre temos tempo para aquilo que realmente queremos fazer.
- Cuide do sono, para que ele seja reparador, e viva momentos ociosos e silenciosos para se ouvir e repor suas energias.

QUINTA LIÇÃO

Escolha o melhor

"A verdadeira felicidade depende só de nós e de um processo que envolve muitos caminhos e escolhas."

Abílio Diniz

Não restam dúvidas de que a vida é feita de escolhas. E ultimamente as opções têm aumentado dia após dia. Cada vez mais temos diferentes alternativas para seguir em todas as áreas da vida. Basta prestar atenção para descobrir que a vida tem mais que "dois lados", e as pessoas e situações vão muito além do "bem e do mal". Vivemos em um tempo multifacetado em que tudo acontece o tempo todo.

Há muitas escolhas que não dependem diretamente de nós. Mas quando o assunto é a saúde física e emocional, pode-se afirmar que a maior parte das opções pode sim ser feita a partir dos nossos princípios, da nossa força de vontade e do nosso desejo de mudar. Nem é preciso ter dinheiro, reconhecimento social ou todo o tempo do mundo para adotar medidas simples que fazem a diferença.

Você é a peça-chave na sua vida, por mais que tente delegar suas escolhas a terceiros, na tentativa de diminuir suas responsabilidades e ainda levar vantagens. Então, vamos lá: do que depende mudar sua alimentação, reduzir a ingestão de gorduras e açúcares e inserir mais frutas, legumes e produtos integrais no seu cardápio? E o que lhe impede de caminhar com regularidade (promessa que você sempre faz para a próxima segunda-feira), começar a nadar, correr ou praticar um esporte? E o que está esperando para se transformar numa pessoa mais calma, em dia com a espiritualidade e mais amorosa com todos que o cercam? E tem mais: quando você vai aprender a valorizar mais o que conquistou, contemplar a vida e parar de fazer uma verdadeira tempestade diante do mínimo problema?

Percebeu que todas as escolhas dependem de você? Se o vizinho consegue, se o outro se beneficia e se há quem conte "milagres" por ter mudado seu estilo de vida, por que só você não o faz? Repito: a escolha é sua. E por isso está na hora de optar pelo melhor.

Aprender com quem já deu uma guinada pode ser um bom estímulo. E não faltam exemplos por aí. Um deles, inclusive, vem de um "homem de negócios" bastante conhecido no cenário econômico nacional. Em 2005, o empresário Abílio Diniz lançou um livro para contar como deu um novo rumo a sua vida a partir do momento em que percebeu os benefícios de fazer boas escolhas. Em *Caminhos e escolhas: o equilíbrio para uma vida mais feliz* (Campus, 2005), ele esmiuça as transformações pelas quais passou ao deixar para trás uma postura rígida e uma vida desregrada, substituindo os excessos por comportamentos mais comprometidos com a própria saúde e felicidade.

Você é quem manda

Tudo é passível de escolha. No entanto, a que considero mais importante diz respeito ao pensamento. Talvez você não tenha se atentado, mas todos os dias podemos escolher o tipo de pensamento que queremos ter. Melhor: toda escolha começa pelo pensamento. Podemos escolher entre ser positivo e entusiasta da vida ou olhar os fatos por um prisma estreito e sem perspectiva.

Ao ficar atento ao pensamento, ficamos no controle de nossas atitudes e dificilmente nos deixamos levar por comentários negativos ao nosso redor. Pensar positivo e ter uma visão elevada dos fatos nos "blinda" do mau humor e, consequentemente, nos afasta dos problemas.

Não raro as pessoas agem no "piloto automático" e fazem mudanças drásticas no comportamento, indo de um extremo a outro, muitas vezes sem perceber. No processo de escolhas vamos facilmente do 8 para o 80, conforme reza o dito popular.

Numa de minhas palestras convidei participantes para uma pequena dinâmica em que representamos estes dois comportamentos. Quando somos 8 costumamos ser muito rígidos, com tendência à intransigência. É quando queremos tudo do nosso jeito, tim-tim por tim-tim. Pessoas 8 são conservadoras e se apegam a objetos e ideias de tal modo que prejudicam a própria evolução.

Na outra ponta estão as pessoas 80. Aquelas que se abandonam e não estão nem aí para as consequências de seus atos. Os 80 tendem a ser displicentes e, por isso, não conseguem o devido valor. São soltos e descompromissados demais, o que lhes impede de atingir metas e realizar sonhos.

Nem um nem outro comportamento são bons. Optar pelo equilíbrio é que faz a diferença. E isso passa por nossas escolhas. Quando transitamos na "órbita dos 40", conforme costumo dizer, temos a possibilidade de acessar os dois extremos. Somos mais rígidos quando necessário, e nos soltamos um pouco mais quando convém. Assim, ficamos no controle e percebemos o quanto é importante escolher.

Acredite: toda ação tem uma reação

Temos livre-arbítrio para fazer nossas escolhas. Portanto, você pode continuar fumando, bebendo, tendo uma vida sedentária ou se estressando demasiadamente com os obstáculos comuns do cotidiano. Mas se quiser, pode adotar medidas simples, porém eficazes. Claro que elas não surtirão efeito da noite para o dia. Mas o tempo se encarrega de mostrar que as boas escolhas sempre fazem bem.

Como o próprio Diniz afirma em seu livro, o primeiro passo para promover mudanças é ter força de vontade e coragem para transformar hábitos adquiridos e praticados ao longo de anos. Em seguida, é necessário ter método e disciplina para cumprir os objetivos traçados. Trata-se de uma decisão muito pessoal, mas que, com certeza, será apoiada pelos demais. Esqueça suas condições financeiras, suas frustrações, seus entraves familiares e profissionais. Se quer mesmo fazer boas escolhas, procure primeiro dentro de você o estímulo que pode fazer diferença em sua vida.

Crie novos hábitos

Em seu "manual", Abílio Diniz fala da importância de dar nova roupagem a tudo: alimentação, atividade física, autoconhecimento, amor e espiritualidade. Esses são os pilares para quem deseja transformar a vida numa experiência mais prazerosa, com relacionamentos construtivos e verdadeiros.

É preciso entender, de uma vez por todas: você é o responsável por sua felicidade. E ela não é composta somente por um salário polpudo, pelo carro do ano ou pelo "amor da sua vida". Ser feliz é um exercício diário, resultado de uma série de ações que dependem única e exclusivamente de nossas decisões. Está mais do que na hora de parar de culpar o chefe, o governo ou o vizinho. Tudo depende de como encaramos a vida, de como gerimos os problemas e de como nos comportamos diante do inusitado. E nessa tarefa é essencial cuidar bem do corpo e da mente.

Aja antes para evitar o pior

Abílio conta que resolveu mudar seu modo de vida depois de ter passado por problemas pessoais e profissionais que o tocaram profundamente. Na década de 80, ele brigou feio com os irmãos, foi sequestrado e no início dos anos 90 quase viu a falência da rede de supermercados "Pão de Açúcar". Depois de um bom tempo de análise e valorização da fé, começou a fazer mudanças em seu cotidiano e adotou o esporte como fio condutor para a transformação.

É comum ocorrer com a maioria das pessoas o mesmo que houve com o empresário: somente depois de um problema grave é que se toma uma atitude. Você provavelmente conhece alguém que só mudou a alimentação depois que teve um infarto provocado pelo colesterol alto e excesso de peso. E também já viu um amigo parar de reclamar e procurar uma religião depois de ter sobrevivido a um acidente de carro. Ou, ainda, presenciou pessoas que começaram a dar vazão às suas emoções e amar mais a família após terem se recuperado de uma doença grave. Então: está esperando um evento trágico para mudar ou prefere mudar o critério de suas escolhas desde agora?

Segundo o empresário, os três episódios sucessivos ruins que aconteceram mexeram muito com ele não simplesmente pelos fatos em si, mas pela descoberta da oportunidade para mudar e experimentar um novo caminho que levasse ao mais importante objetivo na vida: ser feliz. "Hoje tenho certeza de que a felicidade depende de nós e de um processo que envolve muitos caminhos e escolhas", afirma.

Busque o equilíbrio, sempre

Somos curiosos para saber o que algumas pessoas fazem para obter sucesso na carreira, ter uma família feliz e ainda ter saúde, beleza e energia para realizar seus projetos. Tudo bem que cada um adota seu próprio método, mas é possível afirmar que não existe uma "fórmula secreta". É importante reforçar que somente organização e disciplina é que permitem a uma pessoa dar conta de todas as suas tarefas de forma harmoniosa e ter qualidade de vida.

Para Abílio Diniz, a falta de organização é o que impede a maioria das pessoas de conseguir fazer escolhas que levem ao bem-estar físico, emocional e espiritual. Não adianta ir de um extremo ao outro. Se hoje você é boêmio, não presta atenção ao que come, não consegue dar dez passos sem o carro e se está sempre pronto para explodir, muito provavelmente não conseguirá reprogramar esses hábitos em poucos dias, como num "passe de mágica".

Mude aos poucos

Começar uma dieta e todas as mudanças que você gostaria na próxima segunda-feira pode ser um ato de coragem que não durará mais do que uma semana. Mesmo porque, a maioria das pessoas tem a tendência de, ao querer mudar, levar tudo "ao pé da letra" e por isso facilmente se torna radical e desiste. Uma mudança gradual e bem planejada aumenta as chances de sucesso para se obter uma vida nova.

O equilíbrio, mais do que nunca, é fundamental para qualquer alteração no modo de vida. Negocie com você mesmo, faça algumas concessões (quando possível), mas também tenha firmeza para cumprir suas metas, mesmo que isso custe algum esforço. Com certeza, os resultados serão sempre compensadores.

Mexa-se: seu corpo agradece

Não faltam desculpas para o sedentarismo: "Não tenho tempo", "preciso de um tênis novo", "depois do Carnaval eu começo a me exercitar" ou "preciso de uma companhia senão me desmotivo", e por aí vai. A lista de empecilhos é enorme quando, na realidade, não queremos nos mexer, embora estejamos cansados de saber dos benefícios da atividade física.

Na verdade, há poucos obstáculos que verdadeiramente impedem que seja iniciado um trabalho físico, independentemente da idade. Dica do empresário Abílio Diniz: é preciso gostar do que se escolhe, caso contrário o ato vira autoflagelo. "Se a primeira atividade escolhida combinar com seu temperamento e suas necessidades, o prazer e os resultados são inevitáveis", diz.

Ele, por exemplo, encontrou uma maneira de tornar a prática das atividades uma rotina prazerosa. De manhã, trabalha a parte aeróbica com natação, corrida e bicicleta. Na hora do almoço, faz exercícios de fortalecimento muscular e, à noite, se dedica a um esporte de lazer com partidas de squash.

Controle melhor seu tempo

Mas a esta altura você deve estar pensando: eu não tenho tanto tempo quanto ele porque estudo, trabalho ou tenho mais de um emprego! Tudo bem, cada caso é um caso e não adianta querer copiar alguém se não dispomos das mesmas condições. Porém, se você fizer um pequeno esforço conseguirá encaixar no mínimo 30 minutos de caminhada três vezes por semana. Isso é o básico que se pode fazer pelo corpo. Afinal, você "mora" nele e precisa cuidar para que ele resista a todas as intempéries. Lembre-se: o tempo não para. E além de tudo, é impiedoso.

Mas nem só de caminhada vive uma pessoa que deseja ser saudável. Há inúmeras outras atividades que dão bons resultados e espantam o sedentarismo. Nadar, correr, jogar vôlei, fazer musculação ou entrar numa aula de dança... Por que não? Para não se boicotar, a saída é optar pelo que mais lhe agrada. Ao descobrir o prazer e os benefícios do exercício, é bem provável que seu corpo se habitue e você não pare nunca mais.

Estabeleça prioridades

Pesquisas recentes têm mostrado que, ao praticar uma atividade física por, no mínimo, 30 dias consecutivos, ela se torna um hábito e o próprio organismo "pedirá" sua continuidade, o que facilita muito a decisão de acordar um pouquinho mais cedo ou esticar o dia para se dedicar ao corpo. "Cada um sabe quais são suas prioridades e as coisas que realmente importam na vida. Ter uma alimentação equilibrada, fazer exercícios físicos, levar a vida sem tensão e, sobretudo, com amor e fé, foram minhas escolhas. Equacionar esses fatores na vida cabe a cada um. O que não tenho dúvida é de que é fundamental ter disciplina e organização", afirma Diniz.

Preserve boas relações

Outra escolha importante na meta de procurar o equilíbrio para ser feliz é criar e manter boas relações, seja no trabalho, na família ou entre os amigos. De nada adianta optar pelo melhor em tudo se não investimos em laços afetivos sólidos que nos dão sustentação nos momentos mais complicados da vida. Se o tempo é escasso, lembre-se de que o que vale é a qualidade dos momentos que se passa junto com as pessoas de que gostamos. Para o autor de "Caminhos e Escolhas", o tempo com a família está diretamente ligado à qualidade de vida e deve ser priorizado, mesmo quando esse espaço é curto. "Quando estou com minha família minha dedicação é integral e procuro ocupar esse momento com fatos que me permitam conhecer e saber o que se passa com cada um deles. Também mostro o quanto estou disponível e os quero bem", conta.

Estabeleça vínculos saudáveis

Este mesmo raciocínio vale para os colegas de trabalho. Por mais que se mantenha uma distância (não é preciso dividir a intimidade com todos) é necessário estabelecer um vínculo saudável. Afinal, a maioria das pessoas passa mais tempo com os parceiros de trabalho do que com a própria família. Escolher ser cordial, ouvir o outro quando ele precisa e ajudar na medida certa, em vez de criticar e "puxar o tapete", são medidas que colaboram na construção de vínculos positivos.

Com os amigos, o raciocínio segue a mesma lógica. De que adianta gostar deles e saber que eles são ou foram fundamentais em determinado momento da vida se não há tempo para rirem juntos, fazer planos ou mesmo pedir um conselho e desabafar? Uma simples ligação, de vez em quando, ou um convite para um café fazem diferença e, acima de tudo, nos mantêm conectados com o que acontece em vidas diferentes das nossas. Cuidar das relações, sem dúvida, é uma das melhores escolhas para quem deseja viver bem. O que para você realmente importa? Quais são seus critérios de escolha?

PENSE NISSO

- Use seu livre-arbítrio. Suas escolhas depedem de você.
- Cuide melhor do seu corpo. Ele reage aos estímulos que você oferece.
- Não espere as tragédias para mudar de vida. Tome atitudes saudáveis antes dos problemas surgirem.
- Fuja dos extremos buscando o meio termo, sempre, principalmente ao mudar hábitos.
- Não se acomode, não se entregue à preguiça e ao sedentarismo. Movimento é vida, portanto viva mais intensamente cada instante.
- Só agir uma vez não basta. Para adquirir um novo hábito é preciso repetir as boas ações até que elas se tornem automáticas.
- Não se esqueça de manter boas relações em todas as áreas de sua vida. Elas garantem o conforto emocional que você precisa para viver em paz.
- Mesmo diante de poucas opções sempre é possível escolher o melhor. Analise bem os rumos que você dá a sua vida e fique só com o que realmente lhe faz bem.

SEXTA LIÇÃO

Faça a diferença

"Tudo pode mudar se incluirmos o amor na convivência diária, sem sem restrições, regras ou condições."

John Gray

Todos queremos ser felizes. Não restam dúvidas de que a vida só faz sentido quando buscamos a felicidade. No entanto, mesmo imbuídas das melhores intenções, muitas pessoas idealizam a felicidade de maneiras distorcidas, o que pode trazer o inverso: o sofrimento.

Quantos e quantos acreditam que para ser felizes precisam "ganhar na mega-sena" ou encontrar "o amor da sua vida". É claro que esses itens podem colaborar. Mas se eles forem condições essenciais, e se você depender deles, a felicidade pode não chegar nunca.

Por outro lado, há quem procure ser feliz de maneiras mais simples, palpáveis e objetivas. São pessoas que se abrem ao aprendizado, à mudança. São as que "arregaçam as mangas", vão à luta, colocam em prática o que aprenderam e usam a coragem para enfrentar o desconhecido, o novo.

De qual grupo você faz parte? Você é do tipo que fica sentado esperando que o impossível aconteça ou parte para a ação e cria condições para que seus projetos se realizem?

O americano John Gray, terapeuta de casais e escritor, autor do livro *Como obter o que você quer e apreciar o que tem* (Rocco, 2002), é um dos profissionais da área de autoajuda que fazem uma ligação entre as questões relacionadas à realização pessoal e o amor.

Para ele, antes de valorizar as conquistas é preciso cuidar das relações afetivas. Ou seja, não adianta "correr atrás" e se esquecer do amor, o princípio básico da vida. Para Gray, precisamos de relações satisfatórias para ter estabilidade emocional e segurança e partir em busca da felicidade plena. Se você está num momento em que sente que é preciso dar uma guinada na vida, atente-se para os conselhos do especialista:

Seja um equilibrista

Pode-se dizer que uma pessoa realizada é aquela que consegue se expressar com propósito e ser reconhecida por esse motivo. Quantas pessoas você conhece que têm muito dinheiro e ao mesmo tempo são tristes, infelizes e frustradas em suas relações? E há também pobres que sofrem porque a falta de estrutura não permite que suas vidas sejam conduzidas com propósito, justiça e valor.

A impressão que se tem é que os ricos têm um desafio maior para serem verdadeiramente felizes. Segundo John Gray, não é difícil notar que pessoas com muito dinheiro e fama tenham diversos problemas. Estes, aliás, vêm junto com o "pacote" da riqueza. Ele afirma que pessoas nesse patamar veem seus problemas através de uma "lupa". Ou seja, facilmente fazem "tempestade em copo d'água". E como não conseguem se desvencilhar desse comportamento acabam criando outros problemas, estes sim reais e preocupantes. Tornam-se viciadas em drogas, bebidas e até enveredam pelo caminho da corrupção ou da promiscuidade. Às vezes nem admitem, mas perdem o rumo da vida e mal conseguem dormir à noite, pois sua consciência não as deixa em paz.

Na sociedade capitalista em que vivemos, a realização está diretamente ligada a ter dinheiro e sucesso. Assim, alimentamos a crença de que é mais difícil se sentir realizado pela própria essência do que por aquilo que se tem e pode ser ostentado. Felizmente, há maneiras de entender a realização por outras perspectivas.

Desfrute mais o presente

Para Gray, é possível ser bem-sucedido e ter sucesso nas relações pessoais, tudo ao mesmo tempo. O primeiro passo é ser feliz com sua vida e valorizar o que você tem em mãos, o que já conquistou. É comum encontrar pessoas que são tidas como "bem-sucedidas", mas que não valorizam o que têm e por isso estão sempre obcecadas por ter mais. Com isso, tornam-se insatisfeitas e nunca conseguem ser felizes, desfrutar o presente e também fazer felizes as pessoas que convivem com elas.

Há também outra parcela que vive feliz com o que tem, mas facilmente cai no comodismo e, por isso, não atinge objetivos nem realiza sonhos porque se sente desmotivada.

Na opinião de Gray, uma das opções equivocadas dos pais hoje ao educar os filhos é criá-los para serem bem-sucedidos profissionalmente e ganharem muito dinheiro. É fato que ter dinheiro é importante, pois pode-se pagar as contas em dia e fazer planos para prosperar. No entanto, ter boas relações e dispor de tempo para cuidar desses relacionamentos é tão ou mais importante. A chave é equilibrar.

As pessoas já se habituaram a trabalhar demais todos os dias. Sem perceber, acabam transformando o dinheiro em algo mais importante que o amor. Se você se encontra nesta situação, talvez seja hora de revisar seus valores. Defina o que é realmente importante: o dinheiro ou a qualidade das suas relações?

Valorize os detalhes

Não é regra, mas geralmente desprezamos as pequenas conquistas. É como se elas passassem despercebidas, pois damos valor em coisas grandes, muitas vezes que estão além das nossas possibilidades no momento. É preciso estar atento para comemorar os mínimos detalhes, num esforço constante de gratidão e celebração por tudo o que se tem.

Para John Gray, as pessoas estão tão preocupadas em ganhar sempre mais que acabam se percebendo insatisfeitas com o que possuem de concreto. E o realmente essencial, e que está ao alcance, geralmente é ignorado.

Tudo é motivo de gratidão e valorização. Um elogio que ouvimos, a inspiração de ideias para apresentar um novo projeto, o gol do filho num jogo de futebol escolar ou uma noite agradável ao lado de quem se gosta (nem precisa ser num restaurante fabuloso). A vida não é feita somente de grandes realizações. Os detalhes fazem diferença, e o melhor: eles podem nos motivar a seguir adiante e conquistar mais sem ter de pagar um preço tão alto. O maior entrave é ficar focado naquilo que não temos. Assim, vivemos numa constante busca, sem desfrutar o verdadeiro prazer das conquistas diárias. Não podemos desprezar os acontecimentos do cotidiano. Caso contrário, nossa vida fica vazia, sem graça. Tudo pode mudar se incluirmos o amor na convivência diária, sem restrições, regras ou condições. Definitivamente, o dinheiro não é o mais importante.

Diferentemente do que a maioria das pessoas pensa, é possível alcançar o sucesso em qualquer condição. Ou seja, não se deve entender sucesso somente pela conceituação dada pela sociedade. O segredo está em investir naquilo em que somos bons para aí sim obter um sucesso que não depende dos outros, mas sim da autoavaliação.

O próprio Gray afirma que não seria bem-sucedido como cantor ou farmacêutico, por exemplo. Ele detectou o que sabia fazer de melhor e seguiu em frente. Para fazer diferença é preciso se concentrar naquilo em que somos bons. E mais: o sucesso não pode (e não deve) ser medido pela quantidade de dinheiro que ganhamos. A satisfação é o melhor sinalizador de que estamos no caminho certo. Quem realmente faz diferença sabe disso.

Uma receita inesquecível

Uma das lições mais importantes que já tive sobre valorizar o momento presente é da época que morei em república de estudantes, quando fazia faculdade. O ano era 1997 e eu cursava o terceiro ano de jornalismo. Morei em várias configurações de república de estudantes, mas a mais interessante foi quando moramos em dois amigos e duas amigas. Todos fazíamos faculdade e já estagiávamos em veículos de comunicação.

Uma dessas minhas amigas, até hoje uma das pessoas pelas quais mais tenho consideração, era muito diferente das demais que até então eu havia conhecido, em meus 20 anos de vida. A começar pelo nome: Yannik. Ela sempre tinha de soletrar: Y-A-N-N-I-K! Descendente de franceses, ela foi parar numa cidade do interior de São Paulo, onde os pais se aposentaram e abriram um comércio. Ela realmente tinha um comportamento ímpar. Já havia morado na França e falava francês fluentemente. Seus pais moravam num bairro nobre da cidade, mas ela queria ser independente e por isso foi parar na república para dividir alegrias e tristezas com a gente. Ou melhor, só alegrias, pois ela era e é uma pessoa extremamente alto-astral, de bem com a vida, sempre.

Chamava-me muito atenção a maneira como ela encarava os problemas, agindo de maneira peculiar, destoando da maioria. Certo dia, quando nossa outra amiga se mudou, levou a geladeira e como não tínhamos condições de comprar outra naquele momento, a saída era ficar sem mesmo. E não pense que era uma "Brastemp"! Era uma geladeira já velha, cuja borracha de fechamento já havia estragado e precisávamos improvisar uma maneira de mantê-la fechada. Mas era útil e na ocasião, numa vida em conjunto, o único objetivo era sobreviver e lutar por nossos sonhos.

Na república, dividíamos o trabalho, e a cada semana um de nós era o cozinheiro da vez para preparar o almoço. Eu e Yannik fazíamos estágio no período da tarde, eu num jornal e ela num canal de TV da faculdade. Foi justamente na semana em que ficamos sem geladeira sua vez de cozinhar. Como já não tínhamos dinheiro para estocar carnes e legumes, não foi tão difícil ficar sem o eletrodoméstico.

O fato que me marcou ocorreu no dia em que ela iria cozinhar e só tínhamos arroz e tomates. Eu, lendo o jornal do dia, fiquei observando a maneira como ela encarou a situação. Primeiro minha amiga foi até o aparelho de som e colocou sua música preferida. Foi cantando para a cozinha e começou a preparar o almoço.

Assim que o arroz ficou pronto ela pegou um recipiente de manteiga vazio e formatou o alimento como se fazem nos restaurantes. Montou a mesa e, detalhe: com um prato de cada modelo, talheres de diferentes tamanhos e cada copo de uma marca de extrato de tomate, afinal cada morador trouxe de casa o que podia. Ela colocou o arroz nos pratos, moldando-o em forma de cumbuca, e cortou os tomates de modo decorado. Foi até nossa horta (uma lata velha que já tinha no quintal, com cebolinha e salsinha) e colheu os "enfeites" para o prato. Decorou um por um, serviu água nos copos e, em seguida, na maior naturalidade disse: "Gente, vamos almoçar? Estou com muita fome e acho que ficou uma delícia!".

Olhei aquela cena e fiquei perplexo. Particularmente, eu nunca fui seletivo para comer, até porque venho de uma família humilde e nunca pude me dar ao luxo de recusar esta ou aquela comida. Mas aquela cena me marcou, pois ela conseguiu transformar aquele momento num dos melhores almoços que já tive na vida. Aprendi que podemos valorizar nosso presente exatamente com aquilo que temos em mãos, sem reclamar, sem pestanejar. Ela agiu com alegria de viver e desconsiderou todas as dificuldades. Preparou arroz e os tomates como se estivesse fazendo um grande banquete. Serviu de maneira criativa, valorizou ao máximo o que tinha em mãos e, o melhor, nos convidou de forma natural, com uma simplicidade cativante. Comemos e realmente estava uma delícia!

Mas o verdadeiro aprendizado só viria quase dez anos mais tarde. Depois de um tempo trabalhando numa cidade maior como jornalista, fui pautado para fazer crítica gastronômica. A tarefa era visitar os melhores restaurantes para conhecer o cardápio, comer e tecer críticas, com base em critérios preestabelecidos pelo meu editor.

Conheci a gastronomia de diversos países, degustei pratos caros e tive oportunidades únicas. No entanto, não me lembro mais dos nomes dos pratos nem suas composições. Mas o "arroz com tomates" da época da república, esse eu nunca esquecerei!

Renda-se aos sentimentos

Observe melhor seu comportamento e perceberá quando você não está manifestando ou sentindo amor. Esse exercício é fundamental para promover mudanças internas. Quando não manifesta amor a pessoa não o sente e por isso as relações ficam mais frias e distantes. Precisamos urgentemente melhorar nossas habilidades de comunicação para compreender definitivamente o amor e sua força transformadora. Mais adiante vamos retomar esse assunto.

O mestre Gray afirma que homens e mulheres que trabalham demais, por exemplo, e passam horas ou dias longe da família, não conseguem amar sua própria vida, embora muitas vezes nem se deem conta disso. O pior de tudo é que quem age assim chega a acreditar que está insatisfeito porque não consegue mais do que tem e não pode crescer mais para atingir níveis que considera ideal. Diante desse quadro, o ideal é superar esses obstáculos e encarar a verdadeira fonte do sofrimento e da frustração, que é justamente a ausência do amor.

Mas não pense que prosperar não seja importante. Trabalhar, garantir a própria subsistência e realizar desejos é parte integrante de uma vida saudável. Isso só será problema quando não houver equilíbrio e o "ter" ultrapassar os interesses do "ser".

Ao mesmo tempo em que as novas gerações têm mais liberdade para expressar suas ideias e vivenciar conceitos próprios, também têm mais desafios para construir uma vida verdadeiramente feliz. A liberdade é fundamental nos dias atuais. No entanto, muitos se esquecem de que ela é ligada a escolhas e responsabilidades. E isso, via de regra, gera estresse. "A melhor maneira de descarregar o estresse é ter tempo para curtir os amigos e os parceiros. Quando negligenciamos isso, o estresse aumenta e o que era liberdade se transforma em maldição", afirma Gray. Por isso, mais do que nunca, é tempo de amar, hoje e já, sem esperar mais um minuto sequer.

PENSE NISSO

- Não espere a felicidade: arregace as mangas e crie situações para que ela apareça.
- Coloque em prática o que aprende no dia-a-dia.
- Valorize as conquistas, mas antes cuide das relações afetivas.
- Não use uma "lupa" para ver seus problemas: seja realista.
- Lembre-se de que realização não é ter dinheiro e sucesso, mas sim primeiramente manter boas relações pessoais.
- Queira mais sim, mas primeiro valorize verdadeiramente o que você já tem.
- Comemore as pequenas conquistas e agradeça constantemente por tudo o que tem.
- Inclua o amor em seu cotidiano e perceberá que tudo muda; mas para amar, não coloque regras ou restrições, seja incondicional.
- Entenda que o verdadeiro sucesso não se mede pela quantidade de dinheiro, mas sim pela satisfação que temos ao realizar aquilo de que gostamos.
- Fique atento: você está manifestando amor por si e pelos outros?
- Melhore suas formas de se comunicar e perceberá que a vida fica mais fácil.
- Use sua liberdade para amar e nunca coloque o "ter" acima do "ser".

SÉTIMA LIÇÃO

Siga em frente

"Seguir em frente, sempre, independentemente dos acontecimentos. Esse deve ser o mantra para quem deseja vencer."

Eugênio Mussak

Tudo acontece o tempo todo. Coisas boas e ruins, momentos alegres e tristes, dádivas e catástrofes. O mundo não para. No entanto, algumas pessoas paralisam diante das situações (até dos bons acontecimentos). Quem é assim, basicamente se comporta da seguinte maneira: quando sofre um acidente, por exemplo, mesmo que se recupere, usa o fato para se lamentar o resto da vida. A tragédia é o único assunto que tem para comentar e tudo o que ocorre depois parece estar diretamente ligado ao acontecimento. Há pessoas que se prendem tanto que não conseguem nunca se desvencilhar do problema e torna-o eterno.

Numa situação positiva, isso também ocorre: há indivíduos que, por atingirem determinada meta ou sonho, estacionam e nunca mais saem do lugar. É o sujeito que queria tanto fazer uma faculdade, consegue se formar, mas, em vez de fazer a conquista render frutos, coloca o diploma na gaveta e continua na mesmice. Há também os que lutam por um emprego e quando são contratados entram num estágio de acomodação que não os deixa sair do lugar. Não estudam mais, não almejam um cargo e um salário melhores, enfim, fazem da conquista o fim e não o meio para tornar sua vida mais próspera.

Seguir em frente, independentemente dos acontecimentos, e estar sempre de olho no crescimento e na evolução. Esse deve ser o mantra para quem deseja vencer e não ser mais um na multidão. Precisamos nos mexer, pois tudo muda o tempo todo. Para não correr o risco de nos sentirmos menores que os demais, devemos fazer nossa parte. Isso não significa entrar numa onda de neuroses e achar que nada está bom. Pelo contrário: temos de aprender a valorizar nossas conquistas, saboreá-las, e tomá-las como ponto de partida para projetos ainda melhores.

Há pessoas que têm uma capacidade incrível de levar a vida adiante, com seus sonhos e projetos, mesmo que tudo pareça ser contra ou quando a "maré" está calma demais. Seguir em frente é fundamental num mundo turbulento e que muda a cada instante, numa velocidade nunca antes imaginada. Ao levar a vida adiante, ao dar o próximo passo e "virar a página" estaremos no foco do crescimento e da proposta de ser cada vez mais felizes. Consegue viver bem aquele que não esmorece diante dos fatos, mesmo os mais catastróficos. Continuar a caminhada rumo à realização de nossos objetivos deve ser a missão em qualquer fase da vida. Siga em frente e verá que o aprendizado e os resultados valerão a pena.

Um dos defensores desse modo de agir é o escritor e conferencista Eugênio Mussak, autor dos livros *Metacompetência*

(Gente, 2003) e *Uma coisa de cada vez* (Gente, 2006), entre outros títulos.

Para ele, precisamos, antes de tudo, ser realistas, porém otimistas.

Problemas imaginários

Sabe por que na maioria das vezes não seguimos em frente? Porque ficamos muito focados em problemas, nas picuinhas e nos detalhes ínfimos que emperram nossa vida. Quando o assunto são problemas, somos verdadeiros roteiristas de filmes e autores de novelas. Isso mesmo! Temos uma incrível capacidade de imaginar situações e desdobramentos dos fatos e, com isso, nos distanciamos da realidade. E é justamente esse o real problema.

Você sabia que cerca de 90% do que encaramos como problemas não passam de imaginação? Pesquisa de uma universidade americana, publicada em 2006, mostrou que existe uma tendência natural no ser humano em dramatizar situações e enxergá-las com uma lupa. É como se déssemos uma dimensão muito maior aos fatos tentando tirar vantagem ou se vitimizando para conseguir algo em troca.

Desenvolvi um exercício fácil que ajuda a detectar nosso nível de dramatização dos problemas. Você pode fazê-lo agora! A tarefa é simples: anote numa folha qual seu maior entrave no momento. Resuma a situação e, na sequência, escreva os possíveis desdobramentos. Seja você mesmo, não tente se boicotar e sim coloque tudo o que lhe vem à cabeça. Imagine o desenrolar dos fatos, suas implicações, o que as outras pessoas vão dizer, o que pode acontecer, enfim, faça todo o "enredo".

Pegue esse mesmo papel e guarde numa gaveta. Siga o curso normal da vida, tomando suas decisões e agindo conforme você julga correto e de acordo com suas crenças. Depois de uns 15 ou 20 dias, ou o tempo que julgar necessário, resgate suas anotações. Compare o que realmente aconteceu com o que estava escrito conforme suas previsões. Você perceberá que praticamente nada do que você imaginou ou confabulou a respeito de si e dos outros ocorreu na prática. Ou seja, durante todo esse período, você perdeu energia com os tais problemas imaginários.

Volta e meia caímos na tentação de querer "adivinhar" o que o outro está pensando sobre nós, além de prever também suas reações e atitudes. Banir essa prática do próprio comportamento traz benefícios fantásticos para todos os níveis de relações, a começar pela maneira como tratamos a nós mesmos.

Problema, desafio e oportunidade

Todos temos problemas, certo? Todos os dias, são inúmeras as pendências a serem resolvidas. Encontrar a melhor maneira de solucioná-las é o grande segredo.

Aprendi com os mestres que há pelo menos três modos de encarar os fatos do cotidiano. Num primeiro momento, consideramos ter "problemas". Do obstáculo mais banal aos entraves que podem mudar o curso dos nossos dias, chamamos de problema. Daí, repetimos inúmeras vezes a palavra "problema". Ao classificar os fatos desse modo, eles parecem tomar mais peso e se tornam ainda mais complicados.

No entanto, quando passamos a ter uma perspectiva mais ampla da vida e aprendemos com nossos erros, naturalmente mudamos nosso ângulo de visão. Passamos, então, a ter desafios. Isso mesmo! Ao surgir uma situação complicada não mais consideramos ser um problema e sim um desafio para ser solucionado. E para enfrentar desafios é preciso colocar em prática nossas experiências e habilidades adquiridas ao longo da vida.

Ao chamar o antigo "problema" de "desafio", criamos a motivação necessária para vencer os obstáculos. Desafios nos instigam, nos movem e nos dão a sensação de poder ser proativos.

O pneu do carro furou e você está atrasado? A conta do banco estourou e ainda não há dinheiro disponível para cobrir? Seu chefe mudou os planos na última hora? O que é melhor, encarar essas situações como um problema ou considerá-las um desafio a ser vencido por você?

Mas existe ainda um nível de comportamento considerado excelente. O desafio pode passar a ser uma "oportunidade". Ou seja, mesmo diante de uma "bomba", quem tem discernimento e sabedoria percebe que nada é insolúvel. Basta ter calma e paciência aliadas a uma boa dose de competência. Pronto, está aí a oportunidade para resolver e seguir adiante!

Quando deixamos de ter problemas e passamos a aproveitar as oportunidades, exercemos nossa plena liberdade de ir e vir sem prejuízos emocionais. Tudo se torna mais claro e já não mais culpamos nada e ninguém, mas, sim, assumimos nossas responsabilidades sobre os fatos. Basta mudar as perspectivas e tudo fica diferente.

Fuja da onda do fracasso

Motivos para desanimar não faltam. Vivemos numa era marcada pela instabilidade. Violência, insegurança, cortes, enxugamento, falta de compreensão e tolerância zero. Você, às vezes, não tem a sensação de estar "encurralado"? Se não somos cobrados por terceiros, encarregamos de nos cobrar e nos exigir demais. Somos pressionados a dar o melhor de nós, mesmo que não haja condições e incentivos para isso. Nesse cenário caótico, quem se deixa levar pelos problemas está fadado ao fracasso. E as consequências aparecem em todos os lados: na vida social, no trabalho e nos relacionamentos.

O ato de seguir em frente pode ser considerado uma ação de valor universal, que deve nortear todas as nossas decisões. Sem essa postura fica bem mais complicado viver bem, já que é natural nos depararmos com obstáculos a todo instante.

Alguns exemplos dão noção do quanto é importante seguir adiante. Há casais que não se deixam levar por brigas bobas, e por terem em mente que é importante seguir juntos melhoram o diálogo e selam o amor por meio da perseverança e de um objetivo comum. Outra situação, considerada ideal, é a de um profissional que almeja crescer na empresa em que está, apresenta projetos, mas nunca consegue aprovação para colocá-los em prática. No entanto, não estaciona no tempo: continua a estudar, a pesquisar, a alimentar seu sonho e a buscar quem abrace suas ideias.

Para pessoas que agem assim, uma negativa ou omissão não são suficientes para ofuscar a vontade. No entanto, se algo não está funcionando, se alguma coisa está errada, não adianta prosseguir. É sim importante ir adiante, desde que se esteja no caminho certo. E saber se estamos indo bem é o nosso desafio diário. Prestar mais atenção em si e nos outros, analisar, refletir e ser assertivo são os principais passos para detectar se estamos no caminho certo.

Busque o sucesso

Seguir em frente requer discernimento entre ser teimoso e ser perseverante. O teimoso quer provar a qualquer custo que está certo, mesmo quando percebe que deveria mudar sua postura. O perseverante, por sua vez, tem metas e sensibilidade para levar adiante seus projetos por mais que apareçam adversidades. Trata-se de uma pessoa que não vê problemas em mudar de rumo, uma vez que sua flexibilidade é grande o bastante para perceber quando as transformações se tornam essenciais.

Temos de aprender a não desanimar facilmente. Seguir em frente é o segredo do triunfo. Na opinião de Mussak, a perseverança é a locomotiva para o sucesso de todas as empreitadas, pois poucas coisas podem ser conseguidas tão rapidamente. Porém, é preciso que ela seja acompanhada da lógica. Traduzindo: o que pretendemos deve fazer sentido, e o plano que traçamos para atingir o objetivo almejado deve ser benfeito.

O que falta à maioria das pessoas hoje é ter pensamento estratégico. Você sabe onde quer chegar? O que está fazendo para que isso se cumpra? Está trilhando o caminho certo ou se deixa seduzir facilmente por ações que só fazem desperdiçar sua energia? Aplique a perseverança em seu comportamento e siga, sem medo.

Mas você pode estar pensando que o cenário em que vivemos é muito adverso e, por mais boa vontade que tenhamos, é mais complicado realizar tudo o que queremos. "Não acredito que atualmente as pessoas sejam mais perseverantes ou menos perseverantes do que em outras épocas. Entretanto, vivemos em um mundo que oferece mais opções, o que pode provocar algumas mudanças de foco e de rumo", observa o mestre.

Reforce seus pontos positivos

Para seguir avante é preciso aprender a valorizar seus pontos positivos. Se você é do tipo que só enxerga seus próprios defeitos, está mais do que na hora de rever a maneira como se trata. Lembre-se: você merece mais, merece o melhor. Você é especial. Acredite nisso e tudo fica diferente.

Entre as principais características das pessoas perseverantes estão a autoestima e o foco. Gostar verdadeiramente de si e colocar energia somente naquilo que vale a pena é providencial para vencer. As pessoas que são focadas aplicam o que há de melhor em si em determinada direção e não ficam atirando para todos os lados. São os que se comprometem com um projeto e se mantêm fiéis a ele. "Isso não significa que não se possa fazer correções de rumo, rever planos e até questionar os objetivos, mas enquanto acreditamos em algo temos de nos manter firmes", diz Mussak.

Você deve conhecer pessoas (ou você mesmo é assim) que parecem desanimadas por natureza. São as que sempre que têm um desafio começam a reclamar e afirmam de forma convicta que o fracasso virá. Não faltam indivíduos com imensa dificuldade para assumir compromissos verdadeiros consigo e com projetos pessoais. Desistem facilmente, enxergam defeito em tudo e têm o costume de transferir responsabilidades e culpar os outros pelos insucessos. Para Mussak, quem se comporta assim precisa aumentar seu autoconhecimento, combater seus "inimigos internos" e encontrar um novo sentido para a vida. Daí em diante tudo ficará mais fácil.

Aprenda e ensine

Desde cedo, os pais já deveriam ensinar os filhos a ser perseverantes. Em primeiro lugar, devem dar o exemplo, mas também mostrar boas alternativas. Algumas ações educativas funcionam muito bem para isso. Uma dica do mestre Mussak para os pais é fazer pelos filhos apenas aquilo que eles não podem fazer por eles mesmos, de acordo com a idade em que se encontram. Isso porque, em geral, quando se facilita muito a vida dos pequenos, impede-se o desenvolvimento de sua energia interior. E isso tem um tremendo impacto na perseverança e na capacidade de lidar com as dificuldades naturais da vida adulta.

Volte um pouquinho no passado agora. Tente lembrar de algumas conquistas suas e as relacione com o aprendizado próprio. Aproveite também para se recordar de alguma dificuldade. Não é regra nem se pode generalizar, mas uma coisa é certa: aquilo que fazemos por nós mesmos, de acordo com nossas experiências, é infinitamente melhor do que as coisas que nos são entregues "de mão beijada", como diz o ditado. Não restam dúvidas de que é gratificante (e necessário) receber ajuda. Mas agir por si, com suas próprias forças, faz muita diferença. Por conta disso, nunca se esqueça de ensinar aos outros aquilo que aprende. Ao proceder assim você reforça o aprendizado, compartilha e expande suas relações.

Até aqui você pode compreender os inúmeros benefícios da perseverança. No entanto, ela também pode ser ruim, por mais destoante que isso pareça. Ser perseverante pode não ser um bom negócio quando o projeto que se tem pela frente não é bom. Lembre-se de que grandes planos dependem de três fatores: coragem, perseverança e relevância. "Se o que está sendo pretendido não é relevante, ou seja, se não é bom, útil, ético e moral, pode conduzir a pessoa a uma situação pior", alerta o mestre.

Tenha atitude

Com certeza, você já ouviu o ditado popular "água mole em pedra dura, tanto bate até que fura". Usamos essa expressão toda vez que a intenção é dizer que ser persistente e sempre seguir adiante é tiro certo para realizar nossos sonhos.

Mas e aí, você já parou para pensar que está mais do que na hora de ser um pouco mais firme em suas decisões? O mundo valoriza quem tem atitude, iniciativa. Esse é um comportamento muito bem visto nos dias de hoje, especialmente quando tudo parece dar errado ou quando todas as oportunidades escapam de nossas mãos em questão de segundos. Se quer levar seus projetos e sonhos adiante, por mais que apareçam obstáculos e no início seja complicado, tenha certeza de que colherá bons frutos. Existe outro ditado bastante válido para esta situação: "o plantio é livre, mas a colheita é obrigatória". A partir dessa perspectiva, reflita melhor sobre suas atitudes e iniciativas. A maneira como você vive hoje está diretamente ligada às escolhas que fez no passado. Então, siga em frente, mas faça diferente, a partir de agora.

Virar a página, mesmo que tudo não funcione como queremos, é tido como um valor universal, que deve estar ligado a todas as ações. Não podemos ficar paralisados diante dos acontecimentos. Não pense você que as pessoas bem-sucedidas não têm obstáculos, desânimo e problemas de toda ordem. As pedras no caminho fazem parte da nossa evolução. O diferencial é saber como você lida com isso e o que faz para transformar pontos negativos em positivos. E, acredite, é sempre possível. Basta você querer, verdadeiramente.

PENSE NISSO

- Não fique lamentando pelas coisas ruins que lhe acontece. Aprenda com tudo e tenha sempre em mente aonde você quer chegar.
- Não estacione, não pare no tempo. Precisamos evoluir a cada instante. E isso requer que você tenha iniciativa.
- Saboreie as conquistas. Porém, não se dê por satisfeito a ponto de não procurar evoluir mais.
- Evite ao máximo entrar numa "zona de desânimo" e descrença. Para isso, valorize-se e não se exija demais.
- Não seja teimoso, mas sim perseverante. Saiba o momento de recuar e mudar as estratégias.
- Acredite que você merece mais e melhor. Enquanto não se convencer disso vai ficar somente com as sobras do que é bom.
- Vença seus inimigos internos. Eles bloqueiam suas ações e fazem você não acreditar na própria força
- Aprenda e ensine o tempo todo. Essa atitude só traz reforços positivos e contribui para sua evolução
- Seja firme em suas decisões e não deixe as oportunidades escorrerem por suas mãos
- Não seja perfeccionista, mas saiba que, ao se esforçar um pouco mais, com certeza receberá da vida a recompensa que merece

OITAVA LIÇÃO

Manifeste amor

"Depois da conquista é preciso cuidar do amor;
pois toda relação precisa de dedicação."

Ailton Amélio

Não há como negar: todo mundo quer ser amado. Todos gostamos de receber atenção, carinho, respeito e afeto. No entanto, nessa busca inerente ao ser humano, muitos esquecem do mais importante. Para receber amor é preciso, antes de tudo, manifestá-lo. Isso mesmo! Ao contrário do que a maioria pensa, o amor acontece muito mais em nossa manifestação do que nos gestos do outro. Quando demonstramos amor, automaticamente o recebemos de volta, de forma natural, sem pedir, sem forçar. Pode acontecer dessa troca não ser simultânea ou não ocorrer com a mesma pessoa. Mas preste atenção: é praticamente impossível não receber amor se o manifestamos com frequência.

Manifestar amor deveria ser uma espécie de "mantra" para os casais, por exemplo. Quem deseja ter alguém, uma relação afetiva, uma parceria, enfim, uma união saudável, deve ficar muito atento para o exercício constante de manifestação do amor.

Escolher corretamente o parceiro é somente o primeiro passo para que o amor dê certo. Os desafios virão depois, principalmente para quem deseja ter uma relação que traga satisfação e crescimento para ambos.

Um dos entusiastas desse amor consciente e cuidadoso é o psicólogo Ailton Amélio, doutor em psicologia e autor de vários livros sobre o tema, entre eles *Para viver um grande amor* (Gente, 2005), escrito em parceria com a jornalista Mônica Martinez. Para ele, mais difícil do que encontrar a "cara-metade" é manter a relação, seja o namoro ou o casamento.

Em suas pesquisas, Amélio constatou que a maioria das pessoas se interessa por outras que tenham aspectos semelhantes ao seus, o que aumenta as probabilidades de a relação dar certo.

Seus estudos apontam que 37% dos amores nascem por alguém que estuda na mesma classe, trabalha na mesma empresa ou circula nos mesmos locais; 32% começam uma relação quando são apresentados por alguém em comum; 20% após uma paquera com um desconhecido e somente 4% dos relacionamentos têm início num encontro por acaso, daqueles que só acontecem nos filmes de Hollywood. Por último, há também 1% que inicia um relacionamento por meio da internet.

Atente-se para os fatores importantes

Baseado em sua experiência, o psicólogo chegou à conclusão de que para uma união dar certo é preciso existir pelo menos cinco fatores: boa escolha do parceiro; satisfação; dedicação ao bem-estar físico; manutenção dos cuidados pessoais e iniciativa para novos investimentos.

Escolher bem o parceiro não é procurar o "príncipe encantado", mas sim ter noção daquilo que se quer e do que se espera de uma pessoa, sem ilusões e exageros. Investir no bem-estar físico é cuidar do corpo, da saúde e ter disposição para estar com alguém e dividir todos os momentos. Não descuidar da aparência é fundamental, pois a manutenção do interesse do outro depende muito de como a pessoa se gosta e se cuida. E fazer investimentos nada mais é do que renunciar a alguns ganhos imediatos para obter compensações no futuro, mas sem cobrar ou pressionar. "As pessoas precisam raciocinar a médio e longo prazos e não apenas no presente. Afinal, um dos grandes males atuais é que se começa um casamento com a expectativa de que ele talvez não dure, por isso, não se investe no futuro da relação", diz o mestre.

Abandonar o egoísmo é outra atitude muito importante para quem deseja ter uma vida a dois. E tudo passa pela boa comunicação. O diálogo permanente enfraquece o ciúme e aproxima os envolvidos. Para o psicólogo, o casal que estiver conectado, paciente e com a "cabeça no lugar" tem mais condições de não se deixar levar pelas alterações emocionais e pelas picuinhas, o que faz com que a relação fique cada vez mais sólida.

Torne-se mais flexível

As relações têm mudado em velocidade galopante. Se há algumas décadas os costumes e regras se transformavam aos poucos, de geração em geração, hoje assiste-se a mudanças constantemente, o que exige uma postura aberta e flexível de cada um de nós.

Mas, para entender amor e paixão, é preciso primeiro fazer algumas reflexões. Segundo Ailton Amélio, o amor nasce de maneiras diferentes e é cercado dos mais variados graus de expectativa. A paixão, por sua vez, é pouco estudada e até olhada com desconfiança. É comum acreditar que o amor é algo mais profundo, forte e verdadeiro, enquanto a paixão é tida como sentimento passageiro, mais ligado ao romantismo típico dos filmes e das novelas, por isso mais suscetível. O que não se pode esquecer é que a paixão, por mais frívola que pareça ser, pode sim se transformar em amor, por isso de maneira alguma deve ser ignorada.

Com a inversão de papéis e o consequente aparecimento de mulheres mais seguras e homens mais sensíveis, as relações já não têm padrões e regras como antigamente. Vale o "contrato" que cada par faz entre si para manter os vínculos. No entanto, essa "liberdade" tanto ajuda quanto confunde muitos casais e deixa no ar pontos de interrogação difíceis de serem respondidos. O que não se deve esquecer é que a liberdade sempre tem suas vantanges e desvantagens. Mas é óbvio que ela deve sempre ceder lugar à rigidez. De acordo com o mestre Ailton Amélio, a liberdade deve se referir mais ao compromisso do que às próprias regras que ela traz nas entrelinhas.

Desvie-se das armadilhas

Não faz muito tempo em que o amor seguia um curso bastante previsível: paquera, namoro, noivado e casamento. Agora, a sequência foi substituída pelo "ficar", o "rolo" e o "morar junto". Com isso, o noivado perdeu a importância. E há também outro comportamento que se tornou comum: o recasamento. "Os graus de compromissos anteriores foram subdivididos e enfraquecidos. Hoje, com pouco compromisso, as pessoas conseguem ter um alto grau de intimidade. No ficar, por exemplo, não há compromisso, mas já se pode beijar e se tocar. No namoro, a pessoa dorme na casa do outro e viaja junto. Infelizmente, essa "nova ordem" das relações ainda é verdadeira fonte de conflitos para muita gente.

No quesito mudanças, acrescenta-se também outra grande transformação. A duração dos compromissos mudou e agora eles são bem mais passageiros que antigamente. O resultado disso é, ao mesmo tempo, bom e ruim. O número de separações tem aumentado, o que não é nada plausível. Porém, a vantagem é que as pessoas já não ficam mais "presas" caso não queiram ou não consigam fazer com que o relacionamento cresça.

As relações fugidias também têm outro agravante: como tudo é praticamente "descartável", as pessoas acabam cuidando menos dos seus laços afetivos. A explicação é simples: como hoje há liberdade e aceitação para "partir para outra", muitos não pensam duas vezes em romper. Haja visto o comportamento dos artistas, que acaba influenciando pessoas comuns, embora elas vivam numa realidade completamente diferente. O perigo é tornar essas ações parte de um ciclo vicioso, o que pode resultar em muita frustração, traumas e medo de amar verdadeiramente.

Exija só o que pode oferecer

Cada vez mais homens e mulheres estão aumentando suas exigências para ter um relacionamento. Quanto mais opções se têm disponível, em todos os aspectos da vida, mais as pessoas ficam exigentes na busca por um parceiro. A impressão é que sempre precisamos de algo melhor e que o mais inusitado e impressionante ainda está por acontecer.

Para o terapeuta Ailton Amélio, esse comportamento é fruto de um novo modo de ser: hoje, todos têm mais abertura para conhecer outra pessoa, transar, conviver, se separar e começar tudo novo. "As pessoas questionam o porquê de entrar numa relação se já tem fora dela o que querem e sem compromisso, uma vez que o outro não oferece algo a mais." Eis um grande dilema que passa pelas escolhas, tão difíceis de serem feitas para a maioria das pessoas.

Uma dúvida muito comum atualmente é se o verdadeiro amor nasce da convivência ou se quando ele é verdadeiro continua a se manifestar naturalmente mesmo no momento em que a paixão acaba. Segundo Ailton Amélio, não há um padrão, pois o amor pode se manifestar de diversas maneiras. Há o amor que nasce após uma sólida amizade e também aquele que aparece de forma súbita, avassaladora, mas que logo se percebe que não tem chances de vingar. Por incrível que pareça, há também o amor que nasce cercado de interesses, visível quando a relação traz benefícios sociais e econômicos para uma ou ambas as partes. Não se deve ter preconceito de nenhum tipo de amor. A dica é cuidar do sentimento, independentemente de como ele brotou, pois assim a chance de torná-lo firme e duradouro é bem maior.

Tome cuidado com as idealizações

Quem não gosta de estar apaixonado? Sem dúvida, a paixão é uma das fases mais interessantes de uma relação, embora saibamos que nem sempre ela evolui, necessariamente, para o amor. O grande perigo da paixão é que ela é baseada em idealizações. Isso é até normal. No entanto, o desfecho depende do quanto a percepção dos apaixonados está distorcida. O ideal é ficar atento para não se tornar vítima da "apaixonite", que nada mais é que o comportamento de se apaixonar várias vezes, com facilidade, mas logo descartar a pessoa e partir para outra sem ao menos se dar oportunidades de aprofundar o vínculo e avaliá-lo coerentemente. "Há um ditado que fala que a paixão é míope e o casamento é um bom par de óculos. É por isso que muitas relações não dão certo", pontua o mestre.

De acordo com Ailton Amélio, é importante lembrar que o namoro é uma "prova de fogo" em que ambos têm a chance de perceber o que sentem e se as boas sensações iniciais continuam à medida que se conhece o outro nas mais diversas situações. Num primeiro momento, conhecemos a beleza, o sorriso e as atitudes mais comuns do dia a dia. No entanto, quesitos como caráter, honestidade e capacidade de comprometimento só são percebidos a longo prazo. Inclusive, há estudos que apontam que namoros muito curtos não são um bom sinal. O mais indicado é saber dar "tempo ao tempo".

Dê atenção também ao sexo

Atualmente, tem se discutido sobre semelhanças e diferenças entre homens e mulheres. Ao contrário do que se costumava pensar, eles são mais iguais do que se imagina. Pelo menos é o que afirma Ailton Amélio, com base em sua experiência em consultório. De acordo com ele, a maneira como ambos encaram o amor é extremamente parecida. Homens e mulheres são exigentes, prezam pela fidelidade e desejam ter relações duradouras.

Mas é claro que, guardadas as peculiaridades de cada sexo, até por questões culturais, as mulheres geralmente exigem mais envolvimento amoroso que os homens, embora haja exceções. Na comunicação, a mulher fala mais sobre o que sente e gosta de conversar sobre a relação, comportamento que agora também está sendo experimentado pelos homens. A diferença mais acentuada entre os dois ocorre em relação ao sexo casual, embora alguns padrões venham se transformando. Homens geralmente são mais abertos à questão e menos exigentes por saber que não vão ficar com a pessoa. Já a mulher tem mais receio em optar por esse tipo de sexo porque costuma ter padrões mais rígidos ao selecionar seus pares, além de levar em conta fatores como carinho, atenção e afeto, sentimentos que praticamente não estão presentes em relações sexuais ocasionais. Essa escolha mais criteriosa é inconsciente, já que a mulher, de acordo com estudos, tem medo de engravidar.

Tanto eles quanto elas devem prestar atenção no sexo sem compromisso para não deixar que ele atrapalhe a possibilidade de ter relacionamentos sólidos. "Hoje se pode transar, viajar e dormir com o outro com praticamente nenhum compromisso. Assim, muita gente que tem acesso a quase todas as propriedades do casamento, sem tê-lo, está evitando firmar algo mais sério", alerta o mestre.

Por essas e outras, o sexo tem um peso importante na relação e muda de acordo com o tempo. É preciso entender que a atração mútua diminui um pouco depois de alguns anos de relacionamento. Um dos motivos é o fim do chamado "efeito novidade", que torna o desconhecido sempre mais atraente. Mas os casais não devem se esquecer de que o sexo é algo maravilhoso e que traz muitos benefícios para o relacionamento. Infelizmente, por crenças negativas, motivadas por uma educação repressora, moralista ou cercada de dogmas religiosos, o sexo ainda é subaproveitado. Em pleno século 21, muita gente tem restrições absurdas, não explora suas potencialidades e não sabe dar e ter satisfação.

Aceite que sempre terá dúvidas

Nada nesta vida é tão certo e definitivo que não nos faça ter dúvidas. Aceitar que não temos o controle de tudo e que mesmo no amor estaremos sempre cercados de dúvidas, anseios, expectativas e aflições é um grande passo para viver de forma mais realista e satisfatória.

É comum, depois de algum tempo de relação, algumas pessoas terem dúvidas sobre o que desejam realmente. Quando isso ocorre é inevitável questionar sobre como agir e o que fazer. Segundo Ailton Amélio, isso acontece muito e tem sido motivo de um grande número de separações. Daí a importância do namoro para conhecer o outro e saber o que se quer realmente. E mais: é preciso aceitar que os questionamentos fazem parte e que não significa que eles são um sinal de que a relação chegou ao fim. Pelo contrário, são muito úteis para reavaliar o próprio comportamento dentro da relação e projetar ações que possam reforçar ainda mais os laços afetivos.

Perceba quando deve parar

Mas se a dúvida persiste, mesmo depois de descartadas todas as probabilidades de se seguir adiante, é preciso também aceitar que podemos desistir de uma relação quando ela já não tem mais chances de vingar. Para o terapeuta Ailton Amélio, não existe uma "linha divisória" clara. Na opinião dele, antes de tudo, é essencial lutar bastante pela manutenção do vínculo. E nessa hora vale procurar ajuda profissional. É claro que há situações que para muitos são insuperáveis, como uma traição ou agressão física. No entanto, nada deve impedir que se batalhe pelo amor, principalmente quando o casal tem filhos, porque geralmente o prejuízo da separação é muito grande.

Libere-se para se envolver

Até agora, você conheceu informações importantes sobre o amor, mas saiba que não existe uma receita, uma cartilha, um mandamento. Para uma relação dar certo é preciso combinar uma série de fatores. E a maneira como essa combinação será feita depende de cada um, das suas escolhas, dos objetivos e dos anseios envolvidos nessa busca. No entanto, tudo o que foi apontado até aqui serve de parâmetro e de ponto de partida para reflexões mais profundas, que podem ser aplicadas caso a caso.

O mais importante é não ter medo do envolvimento. Não um envolvimento doentio, simbiótico, mas sim da junção sadia, do cuidado mútuo e do respeito ao outro, em todos os sentidos. O essencial para viver um grande amor é, antes de tudo, querer viver esse amor, é se entregar a ele de forma responsável e consciente, sem neuroses, sem cobranças, exageros ou atitudes tomadas apenas para satisfazer convenções sociais ultrapassadas.

Relação boa é aquela que tem diálogo, sexo gostoso, compreensão, cumplicidade, companheirismo, admiração e entusiasmo. Para o mestre Ailton Amélio, ter numa relação não significa exatamente estar seguro. É claro que a estabilidade proporciona essa sensação. Mas fora isso é preciso ficar sempre vigilante, investir em si e no outro e não cair no jogo fácil do "toma lá, dá cá", da barganha de sentimentos. Planejar junto é fundamental. Construir a dois é mais essencial ainda. Uma relação compensadora é feita de "nós" e não de "eu".

Precisamos lembrar que muitas mudanças estão em curso. Ninguém é obrigado hoje a ter alguém só porque a família e a sociedade assim o quer. As leis facilitam a separação e os dogmas religiosos se enfraqueceram inclusive para os mais fiéis.

A opinião pública já não condena mais quando alguém decide romper uma relação afetiva. Desse modo, estar com o outro deve ser uma opção muito pessoal e consciente. Sofrer ou fazer alguém infeliz em função de interesses, é algo ultrapassado (se é que algum dia fez sentido). Amor não combina e nunca deve ser sinônimo de sofrimento. Ninguém mais precisa ficar num relacionamento que mais faz mal do que bem. Mas lembre-se sempre de que um "mandamento" é universal: se quer ser amado, primeiro ame a si mesmo e manifeste amor. Com certeza ele virá. E o que é melhor: ainda mais fortalecido.

Um amor incondicional

Uma das lições mais importantes sobre o ato de manifestar amor aprendi com minha querida mãe, por meio de um gesto muito simples, porém inesperado. Meu pai morreu quando eu tinha três anos de idade. Depois de um tempo, minha mãe se casou novamente e foi morar em outro estado. Eu acabei ficando com meus avós para estudar e boa parte da infância e da adolescência fui criado longe de minha mãe.

Eu sempre a amei demais. Talvez até com um sentimento muito diferente, já que eu não tinha pai e também morava distante dela. Minha mãe é uma pessoa muito simples, de manifestações muito contidas, fruto de uma educação repressora e pautada em valores que há muito não funcionam na sociedade em que vivemos. Por conta disso, nunca fomos muito de manifestar sentimentos um pelo outro por palavras. Os gestos acabavam se encarregando disso.

Certa vez, quando eu já estava na faculdade de Jornalismo, eu morava em outra cidade e por isso nos falávamos sempre por telefone. Estávamos passando por alguns problemas familiares e numa das ligações me surpreendi com a despedida da minha mãe. Aos 19 anos, pela primeira vez ouvi dela um sonoro "filho, eu te amo". Sabíamos o quanto nos amávamos, mas nunca eu tinha dito ou ouvido essa frase, assim tão simples e profunda ao mesmo tempo. Pego de surpresa, minha reação foi até engraçada. Imediatamente, sem pensar muito, eu disse: "eu te amo também, tchau!", e desliguei o telefone no mesmo instante.

Fiquei realmente sem ação. Como assim, "eu te amo"? Naquele momento, por mais bacana que tivesse sido a declaração, fiquei pensativo, pois não estava acostumado com esse tipo de manifestação de afeto. A vida tinha sido muito dura comigo (e eu mais duro comigo ainda) e, por isso, não me eram familiares declarações de carinho, mesmo da minha própria mãe.

Dois dias depois, na próxima ligação, pensei: agora é minha vez de tomar a iniciativa e dar continuidade ao gesto. No final da ligação, ao me despedir, usei a mesma frase: "mãe, eu te amo!". Ela prontamente respondeu um "eu também" e ficamos quites em relação à expressão de sentimentos.

Daquele momento em diante, a troca de carinho por meio de palavras tornou-se constante. Foi praticamente um exercício de aproximação, de uma relação que já era tão boa, mas que ficou melhor ainda pela coragem de verbalizar o que se sentia somente no coração.

Bem mais tarde, aprendi que, quando a gente sempre reforça para as pessoas o quanto a amamos, ficamos até mais seguros para discordar delas ou mesmo lhes negar algo com o qual discordamos. Confesso que já cheguei a dizer para minha querida mãe que não concordava com determinadas decisões dela, mas que isso não abalava meu sentimento de amor. Assim fica mais fácil se entender. Assim fica mais fácil achar o equilíbrio na relação. Quando se inclui a palavra amor no meio dos diálogos, tornamos os assuntos menos ásperos e mais fáceis de lidar. Faça o teste, pois você vai se surpreender.

E esse aprendizado me "contaminou" de tal forma que acabei incorporando esse modo de manifestar meus sentimentos em outras relações como as de amizades por exemplo.

Quando me mudei para São José do Rio Preto para trabalhar num jornal de abrangência regional, enfrentei muitos obstáculos para me adaptar, em todos os sentidos. Mas, no trabalho, tive um editor que sempre me deu a maior força e incentivo para me desenvolver enquanto jornalista profissional. O nome dele é Matheus, um comunicador nato, de uma inteligência e generosidade ímpares. Ele me dava os toques de que precisava para conseguir entrevistas, me dava dicas sobre meu texto e me passava grandes pautas, acreditando na minha capacidade de crescer dentro do jornal e conquistar cada vez mais espaço. Com isso, nos tornamos grandes amigos, além de colegas de empresa. Acabamos descobrindo que fazemos aniversário no mesmo dia, 12 de janeiro, ele um ano mais velho que eu.

Certa vez, anos mais tarde, quando eu também já ocupava a posição de editor, cheguei na redação, num dia inspirado, fui até a mesa dele e disparei: "Matheus, eu te amo cara!". Ele me olhou assustado, meio sem saber o que dizer, e rapidamente se levantou e retrucou: "Fabiano, eu te amo também!". Demos um forte abraço e eu continuei: "Te amo pelo amigo que você é, pelo profissional fantástico que sempre me ensinou e pela motivação que sempre me deu, acreditando em mim. Como reconhecimento por esse afeto gratuito, a melhor maneira de expressar minha gratidão por você é dizer que te amo". Missão cumprida, sorrisos abertos e muita disposição para compartilhar aquele momento tão positivo, a conversa foi longe.

Acabei repetindo esse gesto, e até hoje o faço, com outras pessoas que estimo tanto e que foram e são muito importantes em minha trajetória para ser quem sou hoje, uma pessoa feliz e de bem com a vida.

Essas três palavrinhas, *eu te amo*, quando ditas com verdadeiro sentimento, são poderosas e transformam toda e qualquer relação. Se tem algo que acredito cada vez mais é que precisamos manifestar nossos sentimentos.

É plausível e sei que muitas pessoas manifestam o amor de outros modos. Estão sempre juntas, dão presentes, cuidam, enfim, fazem tudo o que podem pelo outro. Mas, ao longo da vida, concluí que gostamos sim de ouvir do outro o que ele sente por nós. Gostamos da coragem do outro em verbalizar aquilo que sabemos que ele sente no corpo e na alma, mas que toma uma dimensão muito grande quando é dito.

Se gosta de elogio, elogie. Se gosta de ouvir o que o outro sente, diga você primeiro. Assim estaremos "praticando" o verdadeiro amor, aquele amor incondicional de que tanto ouvimos falar e que em princípio parece ser impossível, mas que quando experimentamos, não queremos mais outra forma de amar tão plenamente.

PENSE NISSO

- Ame primeiro se você quer ser amado. Ao manifestar amor ele sempre volta, naturalmente.
- Escolha melhor as pessoas com quem se relaciona afetivamente. Não se trata de descartar oportunidades, mas sim refletir mais sobre suas opções.
- Saiba que estudos mostraram que para uma relação ser bem-sucedida é preciso ter bom parceiro(a), satisfação, bem-estar físico, cuidados pessoais e investimentos.
- Não seja rígido demais em suas posturas. As relações estão em constante transformação e é preciso aceitar novas concepções.
- Não entre em ciclos viciosos em que as relações se tornam superficiais e descartáveis. Dê o tempo necessário para conhecer melhor o outro.
- Exija aquilo que pode oferecer. Não adianta querer que o outro seja o máximo se você não se esforça para melhorar como pessoa.
- Fuja das idealizações. A paixão pode contribuir para você distorcer a maneira de ver o outro. Seja mais realista e tenha os "pés no chão".
- Entenda que o sexo tem peso importante na relação. Ele precisa ser satisfatório para compor o que se chama de "relacionamento saudável".
- Aceite que o amor envolve algumas dúvidas e incertezas, mesmo sendo o mais verdadeiro possível. Cabe a você afinar o diálogo com a pessoa de que gosta e compreender mais para viver melhor.
- Envolva-se. De nada vale estar numa relação achando que fora sempre há algo melhor.

NONA LIÇÃO

Converse com Deus

"Recebemos mensagens divinas o tempo todo; a diferença é que algumas pessoas escutam e seguem os ensinamentos."

Neale Donald Walsch

Crises são comuns ao longo da vida de qualquer ser humano. Elas aparecem por vários motivos, sendo que o mais recorrente é mesmo para nos mostrar que algo está errado e precisa mudar de trajeto, o que depende exclusivamente da nossa consciência e força de vontade.

Ao perceber um momento de crise, entre vários caminhos a seguir, há dois extremos: ou nos afundamos de vez nos problemas ou os tomamos como um "chacoalhão" para promover algumas transformações em nossa maneira de pensar e agir.

Um exemplo curioso de como lidar com as adversidades é o do escritor norte-americano Neale Donald Walsch. Por volta de 1955, uma série de acontecimentos ruins o mandou para o fundo do poço: ele sofreu um acidente, perdeu o emprego, foi despejado de onde morava e foi parar nas ruas, onde dormia e pedia comida.

Mas para ele, o tempo todo, tal sofrimento tinha um propósito. Não que ele fosse destinado a sofrer, pelo contrário. O que ele precisava era ouvir mais seu coração. Algumas pessoas muitas vezes sofrem porque não se aquietam para ouvir a tal "voz interior", que muitas vezes nos diz muito mais do que queremos escutar. Uns chamam de *insight*, outros chamam de intuição e há os que falam em fé, ou mesmo dizem estar ouvindo a "voz de Deus". Não importa o nome que se dá nem a intensidade do sentimento. O que vale é prestar um pouco mais de atenção à nossa essência, uma vez que as respostas para grande parte dos questionamentos, dúvidas e aflições está justamente nesta "conversa" que transcende os limites da razão e apela para os nossos mais profundos sentimentos.

Foi o que fez Walsch quando se viu na pior. Ele conta que primeiro teve de entender que precisava amolecer seu coração, substituir suas ações e se atentar mais para a espiritualidade. "Foi quando passei a ouvir a voz de Deus", acredita o escritor. Impressionado com essa voz interior, ele começou a registrar os ensinamentos que ouvia em forma de carta.

Daí em diante tudo mudou. Em pouco tempo, sua vida deu uma guinada. Depois de muita insistência, ele publicou suas cartas em livro e tornou-se um dos escritores mais famosos em todo o mundo com o título "Conversando com Deus". Só nos Estados Unidos, sua obra figurou na lista das mais vendidas do jornal *The New York Times* por 237 semanas. A história também virou filme, disponível no Brasil em DVD.

Trata-se de uma emocionante narrativa de superação, fé e crença em Deus. Sua maneira peculiar de "conversar com Deus" revela o que os estudiosos das religiões chamam de "novos paradigmas da espiritualidade".

Seja especial

Todos somos especiais e precisamos acreditar nisso. Não adianta achar que uma ou outra pessoa é escolhida por Deus para ter privilégios. Todos recebemos mensagens divinas o tempo todo. O que acontece é que algumas pessoas ouvem enquanto a maioria as ignora. "O verdadeiro segredo não é conversar com Deus, mas sim saber escutá-lo", diz Walsch. Tudo está aqui, pronto, em constante evolução. Basta nos atentarmos melhor para nossas atitudes e para a força latente que existe dentro de cada um de nós.

Diferentemente do que se pode pensar, todos estamos profundamente conectados com os aspectos divinos, transcendentais. O universo e a própria natureza das coisas nos mostram isso. Então, para que esperar para assumir que você também é especial?

É fácil detectar quando uma pessoa toma consciência do quanto é especial e do quanto pode mudar sua própria realidade para encontrar a felicidade ou ser ainda mais feliz. Segundo o escritor, depois da publicação de seu livro, ele recebeu cartas de todos os cantos do mundo com relatos de quem passou por experiências semelhantes as suas e que teve o mesmo tipo de inspiração para vencer os obstáculos.

Conecte-se o mais breve possível

Estamos aqui para evoluir. Qualquer que seja sua formação, crença ou ideologia, não há como negar que tudo o que fazemos é para crescer, melhorar e nos tornármos mais felizes. Daí a importância de se conectar ao que há de mais sagrado em cada um de nós, que é a relação com Deus.

Um dos exercícios para conseguir essa conexão é separar um tempo para você ficar em silêncio e contemplar a vida. Não é preciso colocar regras, cronometrar o tempo ou ter uma paisagem deslumbrante para fazer isso. Basta parar alguns minutos, todos os dias, simplesmente para se lembrar que além da rotina estafante existe em cada um de nós um fio condutor que nos liga a Deus.

Um minuto pode fazer a diferença. Esse tempo, por menor que seja, é decisivo para respirarmos fundo e nos conectarmos com algo maior, que nos dá força, energia e vontade de vencer. Mais do que pensar em si, é preciso também ajudar outras pessoas a fazerem parte da mesma conexão. Na verdade, essa é a maneira mais eficaz de aumentarmos nossa intimidade com Deus. "Se você deseja expandir suas crenças na espiritualidade, nunca se permita parar e achar que já possui todas as respostas. Continue sempre explorando, fazendo perguntas, continue tendo uma conversa com Ele", aconselha.

Junte-se à coletividade

Um das escolhas inadequadas que fazemos em relação à espiritualidade é acreditar que somos todos separados uns dos outros. O erro é pensar que não temos nada a ver com a vida do próximo ou mesmo que estamos separados de Deus. É assim que se criam competições desnecessárias e conflitos de toda a ordem. Para Walsch, é pensando desse modo que geramos tudo o que há de ruim nas relações humanas. "O maior problema é tentar se dar bem sem nunca compreender qual o nosso papel nos relacionamentos", afirma.

Está mais do que na hora de adotarmos novas crenças, novas culturas e um novo jeito de olhar para cada um dos seres que nos cerca, até para aqueles que "tememos". Precisamos sempre rever nossas bases para entender por que estamos aqui, o que estamos fazendo e qual o sentido da vida. E qualquer pessoa pode fazer isso. Não é preciso ter uma coleção de diplomas ou uma invejável posição social. Pensar e agir está ao seu alcance.

Agir coletivamente vai muito além do que fazer doações ou não jogar lixo nas ruas. Em muitos casos, parar um pouquinho para conversar com quem está precisando pode ser muito valioso. Se todos fizermos isso estaremos conectados no bem. O segredo é dividir com o mundo o que aprendemos e viver essas mensagens diariamente. Dar exemplo daquilo que afirmamos ser e acreditar são ações que nos fazem distintos.

Atente-se para os novos paradigmas

Se o mundo está em constante transformação, e se tomamos consciência de que somos uma verdadeira "metamorfose ambulante", é essencial ficarmos atentos aos novos paradigmas e às novas visões sobre o que é mais importante para ser feliz aqui e agora. Uma nova ideia que vem sendo discutida entre especialistas de diversas áreas é a de que existem "coisas" demais de tudo o que achamos necessário para sermos realmente felizes.

No entanto, se nos atentarmos, há uma opção bastante eficaz: dividir. Não se trata de doar tudo o que tem e passar dificuldades em nome da solidariedade e boa-fé. O ato de dividir deve ter sentido mais amplo e abranger desde compartilhar uma ideia até doar nosso tempo, que muitas vezes usamos de forma egoísta e vazia.

Para Neale Donald Walsch, devemos voltar nossa atenção também para aquilo que acreditamos e nunca esquecer de exercitar o amor incondicional. E esse tipo de amor inclui até mesmo gostar e desejar o bem para aqueles com os quais não temos boa relação ou não gostamos. Outra observação do mestre sobre os novos paradigmas é que devemos nos conscientizar de que a nossa forma de fazer as coisas não pode ser considerada como a melhor. Ou seja, não existem hierarquia, religião, país, política ou filosofia superiores às demais. É preciso abrir espaço para que todos possam encontrar suas verdades, a si mesmo e a Deus, cada um a sua maneira.

Responsabilize-se pelo que é seu

Algumas pessoas costumam responsabilizar os demais por aquilo que seria de sua competência. Não podemos esquecer que, de acordo com Walsch, "somos todos um só", e que ao fazer pelo outro estamos fazendo por nós mesmos. No entanto, achar que sempre as outras pessoas devem nos ajudar ou querer estar o tempo todo disponível para os problemas alheios pode não ser uma boa escolha.

É preciso lembrar que quando falhamos com o outro estamos também falhando com nós mesmos. Assim, vale recorrer a uma regra bastante útil para manter a saúde das relações: faça para os demais como se estivesse fazendo para você; aja com os outros como gostaria que agissem com você. Imagine como seria o mundo se todos se comportassem exatamente assim. Faça o que lhe cabe e perceberá a diferença.

Punir-se? Jamais

Walsch conta que, em seus diálogos com Deus, o que mais o surpreendeu foi a constatação de que as pessoas se punem de forma muito severa quando cometem alguma falha, o que as afasta cada vez mais da ideia de que estão conectadas a Deus. A sensação de pecado, por exemplo, é que faz muita gente se afastar de Deus e, com isso, acabar cometendo ainda mais equívocos por considerar que tudo já está mesmo perdido ou difícil de ser "perdoado".

Para ele, as crenças de punição e de que Deus é algo separado de nós devem ser riscadas do nosso comportamento. Isso causaria uma verdadeira revolução espiritual, o oposto do que a maioria das religiões prega, que é o temor a Deus e o distanciamento da sua condição de divindade.

Para Walsch, nos próximos 20 anos a humanidade vai começar a perceber mudanças já provocadas por esse novo paradigma. "O maior problema com a religião é a religião em si. Para mim, Deus é tudo o que a vida é. Não existe nada que não seja Deus. Acredito que Deus é uma força, um processo, uma energia central que chamamos de Amor e Vida. E acho que podemos usar essa energia, criá-la e recriá-la a qualquer momento".

Imite seus ídolos

Nas palestras que tenho feito sempre reforço a importância de se ter ídolos e tomá-los como referência para o crescimento pessoal. Não importa se seu ídolo é um artista, um político, um líder religioso ou até mesmo um familiar ou amigo que você tanto admira. Perceba que, independentemente da trajetória dos ídolos, eles têm em sua jornada comportamentos como disciplina e determinação, que fizeram toda a diferença para que fossem alçados à condição de mitos.

Muitas pessoas afirmam ter Jesus Cristo como ídolo. Perfeito! Sua história e seus feitos são e sempre serão estudados e tomados como referências em todo o mundo. No entanto, quando alguém me diz que tem Jesus como ídolo, logo pergunto: "Você perdoa setenta vezes sete?", "Oferece a outra face a tapa?", "Anda com prostitutas e mendigos sem ter preconceito?". Em geral, a resposta é não. E aí está a grande cilada. Ídolos não existem somente para adorarmos e sim para aprendermos com eles.

Quantas horas de treino você acha que seu atleta favorito se dedica para ganhar competições e atingir níveis de excelência? Que tipo de sacrifício você acredita que seu cantor preferido faz para ter o sucesso que tem? Que renúncias um médico renomado faz para ser reconhecido em sua área de atuação? E um físico ou um químico, quanto tempo passam estudando, pesquisando e fazendo seus experimentos?

Quando pensamos sobre esses aspectos, ampliamos nossa consciência de que é preciso esforço e dedicação ímpares para atingir objetivos e conquistar novos horizontes.

Minha dica é simples: pense agora quem são seus ídolos. Em seguida, liste quais as qualidades que você vê neles. O que você pode copiar? O que pode ser colocado em prática em sua vida e que fará grande diferença em seu desempenho a curto, médio e longo prazos?

Quando temos uma referência e admiramos alguém fica mais fácil tomar atitudes e partir para a realização dos nossos objetivos. Recomendo a todos ter um ou mais ídolos. Ler sobre eles, saber como era ou é sua rotina, seus hábitos e seus pensamentos pode ser inspirador. A vida de ídolos também pode ser ponto de partida, estímulo para começos e recomeços.

Adote um método próprio

Todos passamos por problemas pessoais, dos mais corriqueiros àqueles que quase nos fazem "perder a cabeça". Querendo ou não, eles fazem parte das "aulas" que a vida nos dá para crescermos. Algumas pessoas só não são mais felizes e realizadas porque têm medo de partir para a ação ou porque considera que têm poucas oportunidades para promover as transformações necessárias. A saída, na opinião de Walsch, é adotar um novo "método" para lidar com a vida. Ou seja, precisamos criar uma razão e uma motivação essencial para fazer a vida valer a pena. Melhor ainda é quando neste novo "pacote de boas intenções" está incluso auxiliar as pessoas que nos cercam. Com isso, atingimos o equilíbrio com muito mais facilidade e o medo desaparece.

Walsch conta que num dos períodos mais difíceis de sua vida, em que ele estava deprimido e isolado, não tinha vontade de fazer absolutamente nada. Foi quando encontrou uma pessoa que precisava de ajuda, o que fez com que se envolvesse de tal modo que seus problemas começaram a ser vistos como sendo infinitamente menores. Em pouco tempo, o que o incomodava já não era mais motivo de queixas e sua depressão foi embora, como num "passe de mágica". "Descobri uma das verdades da vida: a questão não era eu e sim o que eu posso fazer pelo próximo. A partir do momento em que consegui enxergar essa nova forma de vida, mudei meu jeito de viver também", conta.

ELE não se ofende

Um dos aprendizados mais significativos que tive a respeito de Deus vem de uma relação inicialmente profissional e que depois virou uma amizade que pretendo ter para o resto da vida, com um psiquiatra de nome e ideias bem diferentes: o doutor Ururahy Botosi.

Bastante envolvido com questões sobre espiritualidade e assistindo a uma de suas palestras, ouvi uma reflexão que para mim fez e faz muito sentido e que até hoje compartilho também em minhas conferências.

Ouvi dele a seguinte afirmação: "Deus não perdoa!". Fiquei muito pensativo sobre a ideia e realmente a considerei confusa, concluindo que se Ele não perdoa, então estamos todos "perdidos". Mas a explicação do doutor é brilhante: "Deus não perdoa porque não se ofende. Ofender-se é algo puramente humano. Deus não precisa perdoar, pois ele sempre nos ama, incondicionalmente, independentemente dos nossos atos e comportamentos."

Confesso que essa foi uma das ideias mais perturbantes que já ouvi em toda a minha vida, mas que realmente faz sentido. Basta seguir o raciocínio.

É frequente pedirmos perdão a Deus por ter feito algo que julgamos errado ou mesmo por ter desapontado outras pessoas. No entanto, é também comum pedir perdão somente a Deus e não a outro, à pessoa com a qual tivemos uma discussão, um embate. Ou seja, será que esse é o padrão de comportamento que Ele espera de nós? Não seria mais oportuno se desculpar com o outro, voltar atrás, mudar de opinião, ou mesmo flexibilizar nossas decisões?

De nada vai adiantar suplicar perdão, fazer promessas irreais e usar da nossa fé para nos redimir de ações mal pensadas e atos que tiveram consequências negativas. Ofender-se é algo humano, é próprio do nosso comportamento. Já Deus, ou a denominação que você achar mais conveniente, é algo maior que tudo o que podemos imaginar, portanto, não seria dono da indulgência do perdão, mas sim do amor puro, verdadeiro, incondicional.

Muitas vezes, temos pequenas rusgas no ambiente de trabalho. Por mal-entendidos, grande carga de estresse e cobrança, acabamos por nos desentender com algumas pessoas. De um modo próprio, pedimos perdão a Deus em nossas orações e preces, sem às vezes fazê-lo diretamente a pessoa com a qual tivemos uma situação desagradável. Mas daí vem a pergunta: do que adianta pedir perdão a Deus, se o mais correto seria primeiro reparar os danos diretamente com nosso semelhante?

Para Deus, deveríamos pedir discernimento para lidar com os outros. Calma e compreensão para entender a postura dos demais, além de paciência e muito bom senso para seguir adiante sem mais ressentimentos ou mágoas. Esse é o verdadeiro pedido de perdão. Comprometer-se com o melhoramento próprio é fundamental para saber tratar melhor o outro e reduzir os danos em nossas relações cotidianas.

Assim não ficamos pedindo perdões "gratuitos" e sim admitimos nossa parcela de responsabilidade sobre aquilo que dizemos e fazemos. Antes de apelar para Deus, faça um "exame de consciência" e perceberá que pode evitar muitos dissabores em sua convivência.

Siga as leis universais

As leis da natureza sempre foram objeto de discussão da humanidade. O dia, a noite, as estações, as manifestações climáticas e as catástrofes continuam a desafiar o homem, assim como a lei da gravidade. Mais recentemente, a lei da atração tornou-se alvo de discussão no mundo inteiro e rendeu documentários, livros e palestras. Todos querem saber o que é o "segredo", palavra usada para representar a dinâmica entre o querer e a realização.

Para Neale Donald Walsch, Deus é o segredo. É Ele quem está por trás da Lei da Atração. A energia e a força do Universo são o que alguns chamam de Deus. "A Lei da Atração é muito mais complexa e envolve outros princípios como a Lei dos Opostos e a magia das criações de outros elementos, que relacionam diferenças e dificuldades na criação do que desejamos". Walsch explica que não basta apenas pensar em algo para que ele aconteça. Essa ideia é simplista demais. Para haver uma reação é preciso provocar uma ação. Quem não se mexe jamais poderá atingir aquilo que realmente deseja.

Muitos fracassos e insucessos em nossas tentativas de evoluir, por mais nobres que sejam, ocorrem porque estamos presos a ilusões, a coisas pequenas demais diante da grandeza daquilo que podemos vivenciar. Não fazemos algo por nossas vidas até que seja estritamente necessário, questão de vida ou morte. Os seres humanos não podem mais esperar o último segundo de suas vidas para fazer o que deveria ser feito desde o começo.

Felizmente, a evolução tem feito com que o futuro se mostre mais promissor. A velocidade com que tudo acontece está fazendo muita gente tomar atitudes mais rapidamente e, o que é melhor, de forma mais acertada. "Chegará o dia em que não precisaremos ter uma crise ou esperar por uma tragédia para fazermos algo, cuidarmos uns dos outros e procurarmos por Deus", profetiza o mestre.

PENSE NISSO

- Não espere por uma tragédia para iniciar um processo de transformação.
- Ouça sua voz interior. Pare ao menos um minuto por dia para prestar atenção em si.
- Amoleça seu coração e não seja rígido com você. Não se puna nunca.
- Saiba que você é especial. Todos somos destinados à felicidade.
- Não separe sua essência da natureza divina. Estamos todos conectados a algo maior, a uma energia suprema.
- Adote novas crenças, abra-se a novos paradigmas e crie outros hábitos mentais positivos.
- Divida, compartilhe e discuta com os demais tudo de bom que você aprende.
- Exercite o amor próprio antes de amar o outro. Só quem se ama consegue amar verdadeiramente o próximo.
- Não responsabilize os outros pelos seus fracassos. Assuma o controle da sua vida, sem se desligar da sua natureza divina.
- Crie seu "pacote de boas intenções" e periodicamente confira se está colocando em prática as ações transformadoras.
- Evolua sempre, a todo instante. Faça por você aquilo que é realmente necessário para crescer.

MINHA LIÇÃO

Faça sua parte

"Aprender demanda reflexão, esforço, atitude e mudança; mas quando esta proposta vira nosso próprio desafio, viver ganha um sabor especial."

O autor

No jornalismo, nem sempre compactuamos com tudo o que escrevemos. Por buscar imparcialidade, neutralidade e ouvir todos os lados possíveis expomos verdades e pontos de vista que muitas vezes não encontram ressonância naquilo em que acreditamos. Mas, ao escrever este livro, pude experimentar uma outra maneira de informar.

Nestes capítulos reuni assuntos que realmente me interessam e compartilhei com você ideias que ultrapassam o campo das discussões. Por vivências próprias, afirmo, convicto, que todas as lições apresentadas podem sim ser colocadas em prática e com isso promover transformações extremamente significativas em nossas vidas. Num primeiro momento pode não parecer muito fácil. Afinal, aprender demanda reflexão, esforço, atitude e mudança. Mas quando essa proposta vira nosso próprio desafio, viver ganha um sabor especial.

Neste livro você teve a oportunidade de conhecer pensamentos de diferentes "mestres": psicólogos, psiquiatras, empresários, escritores, líderes e pessoas que não tiveram receio de expor o que aprenderam ao longo de suas vidas. E como pode perceber, há algo em comum no discurso de todas as lições: é necessário se abrir ao novo e buscar o autoconhecimento para evoluir e ser feliz. Ou melhor: fazer esta existência realmente valer.

Se você está disposto a esse processo e se sente mais estimulado agora, ao chegar ao final do livro, lembre-se do que é mais importante: faça sua parte. De nada adiantam os livros de autoajuda sem a contribuição e o real interesse de cada um no próprio crescimento. Nenhuma eficácia terão os "segredos", as dicas e os conselhos se eles não forem colocados em prática. Talvez venha daí a crítica aos livros de autoajuda, pois eles realmente "não funcionam" para quem os lê e segue esperando que algo grandioso e surpreendente aconteça do nada. Informar-se é somente o primeiro passo, mas agir é o mais importante. No entanto, manter-se vigilante e em constante aprendizado é, sem dúvida, o comportamento certeiro para fazer a vida valer a pena, todos os dias, a cada hora, minuto a minuto. Por isso, é bom não esperar, pois o tempo passa e com ele também se vão as oportunidades.

"Sonhe mais", resgate seus sonhos da infância e investigue minuciosamente possibilidades de torná-los realidade. Se os sonhos antigos já não lhe interessam mais, crie outros sonhos, solte as amarras, fantasie, projete, deseje e não tenha medo de parecer ridículo ou ambicioso demais. Precisamos da força que vem dessa espontaneidade.

Nessa empreitada, *"lidere a si mesmo"*. Nada melhor do que tomar as rédeas da própria vida. Não adianta querer poder, autoridade ou autonomia, em qualquer área, se não aprendermos a liderar a nós mesmos, a comandar nossas emoções e atitudes. E lembre-se: liderar não significa mandar, desmandar, boicotar e pressionar a si ou ao próximo, mas sim conduzir tudo da maneira mais democrática e produtiva possível.

Se for preciso *"tente mais uma vez"*, duas vezes, três vezes, enfim, o quanto for necessário para não deixar que seus projetos se percam pelo caminho. Mas ao tentar, reveja suas ações, redefina estratégias, tire aprendizado dos erros e faça alterações no percurso, pois nem sempre as decisões tomadas são as mais sensatas e coerentes.

Mas não é toda vez que os planos saem exatamente como havíamos imaginado. Por isso, *"persista sempre"*, sabendo que só chega lá quem não tem medo nem vergonha de insistir, de reafirmar seus propósitos e de lutar por aquilo que acredita, independentemente das condições e das forças contrárias que surgirem.

E para fazer de outro modo é preciso que você *"escolha o melhor"*. É certo que durante a vida fazemos escolhas inadequadas, mas isso não nos exime da responsabilidade de analisar melhor o que queremos de agora em diante para nós e para as pessoas com quem convivemos. Ao prestar atenção e fazer escolhas mais adequadas à nossa realidade e aos nossos princípios, estamos dando um passo importante para construir um projeto de vida baseado na saúde, no crescimento pessoal, no sucesso profissional e na paz espiritual.

Não seja apenas mais um: *"faça a diferença"*. O mundo precisa de pessoas que descobrem seus talentos e os coloca à disposição do bem comum. Se todos tiverem a preocupação de buscar o que desejam, de crescer e de amar incondicionalmente, com certeza tudo fica mais fácil. Fazer a diferença passa longe de se entregar ao comodismo, ao paternalismo e à presunção de que já se sabe o suficiente para não ter de se mexer mais. Faça a diferença valorizando mais suas conquistas e se abrindo mais para o novo.

É fundamental também que você *"siga em frente"*, sempre confiante de que o melhor vai lhe acontecer. Vencedores são aqueles que sabem dar ressignificado aos acontecimentos, dos mais simples ao mais impactantes. A regra é não paralisar diante dos fatos, quer sejam bons, quer sejam ruins. Somos dotados de uma força incrível, na maioria das vezes desconhecida, que é capaz de nos impulsionar. Basta acessar esse conhecimento e usá-lo em seu favor, virando a página e passando para o próximo passo para construir uma história significativa.

Para ter mais certeza de sucesso em todas essas atitudes, *"manifeste amor"*. Não espere que o outro o faça. O verdadeiro amor é aquele que se sente e se expressa e não exatamente aquele que esperamos receber da outra pessoa. Manifestar amor deve ser condição essencial para ser amado. Até porque, quando manifestamos esse sentimento, é quase que "automático" seu retorno para nós. Já quando exigimos o amor do outro ficamos mais sujeitos a cobranças parecidas do que propriamente ao amor que tanto buscamos.

E não se esqueça: *"converse com Deus"*. Seja qual for sua religião, sua crença, suas convicções. Já está provado cientificamente que quem se atenta para a espiritualidade vive melhor e mais feliz, e até mesmo se cura ou afasta doenças.

Chame do que quiser: Deus, Espírito Santo, Jesus Cristo, Jeová, Luz ou Energia. O importante é crer que, além desse mundo material, existe uma força superior e inteligente que move toda a engrenagem do universo e está pronta para nos conceder tudo aquilo de que precisamos e desejamos.

Preste atenção, pois tudo está interligado. Você acabou de conhecer dez lições muito importantes, que fazem sentido tanto aplicadas separadamente quanto executadas em conjunto. Tudo se encaixa perfeitamente. A essência de todas essas lições é a mesma, por isso uma está implícita na outra.

No caminho para a evolução, não há como separar, o bem, o belo, o bom e o melhor fazem parte de um projeto maior.

Felizmente, vivemos numa era em que o acesso à informação e ao conhecimento é cada vez mais facilitado. Não faltam livros, jornais, revistas, palestras e workshops para nos propor mudanças profundas no modo de ser. Está acontecendo uma verdadeira revolução. Tenho conversando com muita gente que está passando por um processo muito interessante de autotransformação. E o mais incrível é que as pessoas estão dispostas a compartilhar suas experiências, a crescerem juntas. Para mim, não restam dúvidas de que uma Nova Era está bem próxima, se é que já não começou. Fique atento e não perca a oportunidade de integrar essa transição.

A seguir, menciono as minhas lições, um resumo de tudo que fui aprendendo com os mestres ao longo da minha vida e que agora divido com você. Elas são os meus "mandamentos" e fazem parte do meu esforço diário na busca por um mundo melhor:

- Faça um projeto de vida. Não se chega a lugar algum quando não planejamos e desejamos algo verdadeiramente.
- Esforce-se mais. Crie desafios para você mesmo. Somente quando saímos do comodismo criamos um ambiente mais favorável para viver bem.
- Não seja egoísta: entusiasme o colega ao lado, os amigos e as pessoas da sua família. Ao partilhar sua felicidade você contribui para a evolução do mundo.
- Olhe nos olhos das pessoas, converse, diga um "bom-dia" com vontade. Preste atenção no seu semelhante. Esse contato deixa você mais satisfeito com a abençoada tarefa que é viver.

- Estampe um sorriso, mesmo nos dias mais complicados. Pare de reclamar. Troque o lamento pelo agradecimento.
- Encoraje as pessoas a sua volta a crescer, a buscar novas alternativas, a abrir-se para novas perspectivas. Uma palavra sua pode mudar o curso de uma vida. Ou você ainda duvida disso?
- Conecte-se ao bem. Vibre positivo por si e pelos outros. Seja verdadeiro ao desejar o melhor para o outro. Agir assim faz toda a diferença.
- Dê o valor e o peso equivalente a todas as áreas da sua vida. Não adianta depositar todas as energias no trabalho. Sua vida pessoal é tão ou mais importante. Ao equilibrar tudo você viverá com mais leveza.
- Troque agora suas preocupações por ações efetivas. Coloque tudo num papel, faça um plano, brinque de "comandar sua vida", afinal, a maior parte das decisões está mesmo em suas mãos.
- Não deixe que os acontecimentos o controlem. Pelo contrário, seja íntegro o bastante para controlar o que entra pelos seus ouvidos e o que sai da sua boca. Ao manter-se no controle, você se preserva e não deixa que fatores externos estraguem sua paz mental e sua proposta de felicidade.
- Celebre a vida todos os dias. Não espere pelo final de semana, pelas férias ou pelo amor que ainda não chegou. A vida é boa o suficiente para ser comemorada a todo instante. Agora é com você!

Nada é impossível desde que você acredite e *faça sua parte*. Para você, um ótimo recomeço. Bem-vindo à nova vida!

Qual a sua lição?

Todos somos mestres e aprendizes o tempo inteiro.
O conhecimento só faz sentido quando é compartilhado.
O que você tem a ensinar?

Todos temos desafios. Eles são inerentes à condição humana e, por isso mesmo, necessários para a nossa evolução. Para concluir a leitura deste livro, proponho a você anotar nas linhas abaixo qual a maior lição de vida que já teve e o quanto aprendeu com ela. Este exercício é um importante convite à reflexão. Colocar no papel o aprendizado mais importante da sua existência vai ajudá-lo a resgatar seus valores e estimulá-lo a virar a página para mais uma etapa de vida. Então, vamos lá: qual a sua lição?

....

....

....

....

....

Compartilhe sua lição comigo!
Envie seu o texto para o e-mail:
portalfabianoferreira@hotmail.com

Os mestres e seus manuais

AUGUSTO CURY é psiquiatra, cientista e escritor. Pós-graduado em psicologia social, com pesquisa na Espanha na área de ciências da educação, fundou a Academia de Inteligência, instituto que promove treinamentos, seminários, cursos e sobre qualidade de vida e desenvolvimento da inteligência lógica, emocional e multifocal. Entre seus livros de sucesso está *Nunca desista de seus sonhos* (Sextante, 2004). Ver: *www.academiainteligencia.com.br*

JAMES HUNTER é consultor-chefe da JD Associados, empresa de consultoria de relações de trabalho e treinamento. Hunter tem mais de 20 anos de experiência como instrutor e palestrante nas áreas de liderança funcional e organização de grupos comunitários. É autor dos livros *Como se tornar um líder servidor* (Sextante, 2006) e *O monge e o executivo* (Sextante, 2007). Ver: *www.jameshunter.com.br*

JOHN GRAY é escritor, terapeuta e organizador de cursos e seminários. É conhecido internacionalmente por seus livros. Entre os mais vendidos estão *Homens são de Marte, mulheres são de Vênus* (Rocco, 1996), e *Como obter o que você quer e apreciar o que tem* (Rocco, 2002).

ABÍLIO DINIZ é formado em administração de empresas pela Fundação Getúlio Vargas (FVG) e responsável pela construção de uma das maiores empresas de varejo do país, o Pão de Açúcar. Já integrou o Conselho Monetário Nacional. Também se tornou um atleta e, com isso, escreveu seu primeiro livro *Caminhos e escolhas* (Campus, 2005).

NUNO COBRA é treinador físico, escritor e palestrante. Desde 1952 atua como treinador, usando o corpo como ferramenta para transformações mentais. Foi o pioneiro do que hoje se chama de *personal training*. Há mais de 40 anos treina atletas e personalidades. É autor de *A semente da vitória* (Senac, 20053), livro best-seller. Ver: *www.nunocobra.com.br*

CESAR ROMÃO é formado em direito e jornalismo e pós-graduado em administração, além de possuir mestrado em psicologia organizacional. É motivador da Força de Paz da ONU, integrada pelos soldados do exército brasileiro. Autor de diversos livros, todos com foco em crescimento pessoal, entre eles *Tente outra vez* (Arx, 2003). Ver: *www.cesarromao.com.br*

EUGÊNIO MUSSAK é educador, consultor de liderança, palestrante, presidente da consultoria Sapiens Sapiens Desenvolvimento Integral e professor de MBA. É autor dos livros *Metacompetência* (Gente, 2003) e *Uma coisa de cada vez* (Gente, 2006), entre outros. Também escreve para as revistas *Você S/A* e *Vida Simples* (Abril). Ver: *www.eugeniomussak.com.br*

AILTON AMÉLIO é psicólogo há mais de 30 anos, especialista em assuntos ligados ao amor. Mestre e doutor em psicologia pela Universidade de São Paulo (USP) e autor de várias pesquisas científicas sobre amor, timidez e comunicação. Autor, entre outros livros, de *Para viver um grande amor* (Gente, 2005).

NEALE DONALD WALSCH é fundador da ReCreation, uma organização religiosa cujo objetivo é promover o crescimento pessoal e espiritual das pessoas. Walsch dá conferências e promove seminários por todo o mundo para divulgar e debater as mensagens contidas em suas obras de maior sucesso, *Conversando com Deus* (Ediouro, 1997) e *Uma amizade com Deus* (Sextante, 2000). Ver: *www.nealedonaldwalsch.com*